Pasteur DESTANDAU

Correspondant du Ministère de l'Instruction Publique
et des Beaux-Arts

ÉTAT PARCELLAIRE

DE

LA VILLE DES BAUX

en 1584 et 1598

Mémoire présenté au Congrès des Sociétés Savantes
de Provence

Tenu à Arles en 1909

BERGERAC

IMPRIMERIE GÉNÉRALE DU SUD-OUEST (J. CASTANET)

Place des Deux-Conils

1910

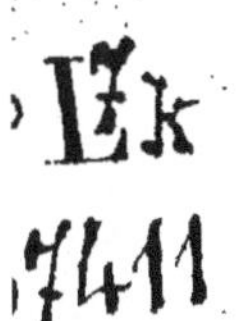

ÉTAT PARCELLAIRE DE LA VILLE DES BAUX

en 1584 et 1598

Pasteur DESTANDAU

Correspondant du Ministère de l'Instruction Publique
et des Beaux-Arts

ÉTAT PARCELLAIRE

DE

LA VILLE DES BAUX

en 1584 et 1598

Mémoire présenté au Congrès des Sociétés Savantes
de Provence

Tenu à Arles en 1909

BERGERAC

IMPRIMERIE GÉNÉRALE DU SUD-OUEST (J. CASTANET)

Place des Deux-Conils

1910

Etat parcellaire de la Ville des Baux

en 1584 et 1598 [1]

INTRODUCTION

La vieille ville des Baux en Provence est de nos jours visitée par les étrangers et aussi par les Français. Son nom signifie hauteur, précipice, escarpement. Le site sauvage où elle est assise, l'aspect délabré et menaçant de ses ruines pantelantes, toujours prêtes à se disloquer mais toujours en place, impriment un cachet tout particulier de tristesse et de grandeur à cette cité pétrifiée que caressent les ardents rayons du soleil du Midi et que brutalisent les impétueux tourbillons du mistral si redoutable dans cette partie de la vallée du Rhône.

En venant du côté de Saint-Rémy, à peine la limite de partage des eaux est elle dépassée, qu'on se trouve en présence d'une immensité chaotique effroyable. C'est tout d'abord un immense rocher pyramidal, inaccessible, aux flancs crevassés et torturés. A ses pieds, un grouffre océanique aux vagues pétrifiées qui vont en s'abaissant en forme de gradins énormes, rangés d'une manière concentrique, laissant deviner çà et là, les sinuosités de la route par laquelle on accède dans cette cité triste et désolée, apparaîssant dans la grisaille comme suspendue dans le vide, ceinte de ses remparts de roc et dominée dans une encoignure de ses murailles, par son vieux castellas démantelé.

C'est pour répondre au désir universel et légitime des visi-

---

1. Tous droits de traduction et de reproduction réservés pour tous pays y compris la Suède et la Norwège.

teurs que nous avons fait le relevé de toutes les parcelles
bàties ou non de la ville des Baux à la fin du xvi° siècle. Nous donnons aussi, sans avoir à consulter le plan de
M. Corpet, le nom des rues, des places, des tours et des prin-
cipales maisons qui ont été, avec les ruines du château et
celle du *pourtau* de Porte-Eyguières l'objet de l'opportune
et bienveillante sollicitude du ministère des Beaux-Arts.

Les cadastres de 1584 (1) et 1598 (2) conservés à la mairie
de Maussane ont servi de base à notre travail. Ils ont été
reproduits sans changements, le premier dans la colonne de
gauche, le second dans celle de droite, ce dernier avec les
chiffres arabes qui correspondent à ceux des croquis des différents quartiers, cotés eux-mêmes par lettres majuscules
qui indiquent la place occupée dans le plan général et les
rendent compréhensibles.

Les mêmes parcelles désignées par les deux documents en
question, ont été placées et mises en face l'une de l'autre,
chaque fois que cela a été possible.

Quant au plan général, notre guide, a été une reproduction photographique d'une estampe du xviie siècle, original
conservé au cabinet des estampes de la Bibliothèque Nationale à Paris. Nous le donnons ici avec une vue générale de
la ville en 1820, due au crayon du peintre d'histoire Pierre
Revoil. Elle a l'avantage sur tout autre d'être assez fidèle en
donnant une idée que nous croyons assez exacte de ce qu'était
le château démoli en 1632, et en reproduisant les quartiers
abolis. Seulement nous l'avons modifié en introduisant les
majuscules qui désignent les quartiers établis un peu arbi-
trairement dans le but de simplifier la tâche et de donner à
ce travail plus de clarté et de précision.

1. Livre terrier ou averement de la ville et terroir des Baulx faict
en l'année mil cinq cents quatre vingts quatre. Faict mesuré et
dextré par Jacques Molard aud. lieu des Baulx 1584. 1 vol. relié,
gr. in-folio, 330 feuillets. Manquent les feuillets 323 et 324, 329 et
330. Les 11 feuillets consacrés à la Rubrique ne sont pas foliotés.

2. Livre de l'arpentage général de tout le terroir du lieu des
Baulx, 1598. Vol. in-fol. 368 feuillets, reliure fatiguée. Ceux de la
fin sont en mauvais état.

On trouvera plus loin quelques planches inédites et des notes historiques sur certains personnages et monuments peu connus. Nous aurions aimé pouvoir reproduire en détail par la gravure la physionomie si étrange et si pittoresque de l'antique cité où les siècles passés ont laissé tant de traces de leur passage, mais d'un autre côté on comprendra facilement que nous ayons reculé devant l'immensité de la tâche.

Quoiqu'il en soit et malgré le caractère imparfait de l'œuvre entreprise que nous livrons aujourd'hui au public, nous espérons qu'elle pourra être de quelque utilité aux personnes qui voudront mieux connaître cette ville dont on parle tant et cependant si peu connue. Les visiteurs nationaux ou étrangers, seront aussi mieux orientés.

Nous prions aussi en les nommant :

M. le Ministre de l'Instruction Publique et des Beaux-Arts.

M. Charles Grandjean Inspecteur Général des M. H^{es}, pour la mission dont nous avons été chargés.

M. Paul Révoil ambassadeur à Madrid.

M. le Baron du Roure au château de Barbegal.

M. Joseph Liotaud peintre à Mouriès.

M. Ed. Foscolina, Maire de Maussane.

M. Auguste Lieuteaud Président du Comité des Amis du Vieil Arles.

M. G. Laville, notaire à Mouriès.

M. Th. Fréchier, notaire à Maussane.

De vouloir agréer l'hommage de notre vive reconnaissance.

Mouriès, le 22 Janvier 1910.

Pasteur DESTANDAU.

Plan géométral de la ville des Baux en Provence au XVIIe siècle, d'après une estampe de la Bibliothèque Nationale. Les majuscules désignent les différents quartiers, dont les croquis se trouvent plus bas.

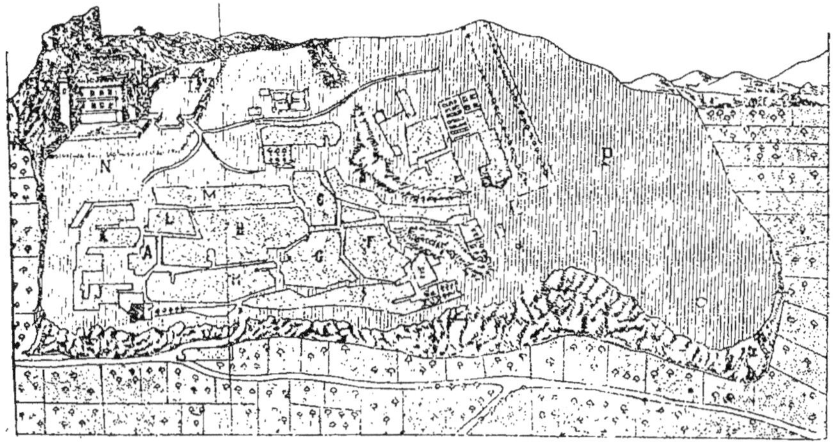

Autre vue générale en 1820, d'après un crayon du peintre d'histoire Pierre Révoil (1), reproduit à la plume par M. Charles Genet.

1. Mort à Paris en 1842.

LES BAUX

Parcelles cadastrales de 1584 et 1598

*Section **A**. — Limites :*

Levant : rue de l'Observance.
Midi : traverse de l'Auvergnas.
Couchant : rue de Portemage (1).
Bise : rue de Portemage à l'éguille.

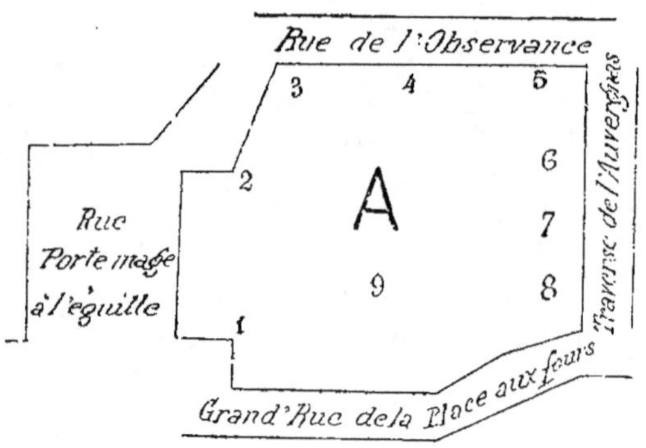

N.-B. — Ce croquis et les suivants, non exécutés à l'échelle, ont été faits par les soins de M. Verua, commis des Ponts-et-Chaussées.
Les chiffres correspondent aux parcelles cadastrées de 1598.
Le Levant est toujours placé en haut.

PARCELLES DE LA SECTION A

Cadastre de 1584

Monsieur de la Roche, fol. 44.

Plus une maison assise a la rue de Portemaige confrontant du levant maison de Jacques Groi-

Cadastre de 1598

1. Pierre de Joannis sieur de la Roche et de Manceau, fol. 205.

Premièrement une maison assise dans le lieu des Baulx a porte-mage, confrontant du levant

1. Ou Grand'rue de la Place aux Fours.

gnard et du couchant ladite rue extimée a 8 fl.

Jacques Groignard, fol. 135.

Premierement une maison dud. Groignard assise aud. Baulx et a la rue de porte maige confrontant du levant la rue, du midy avec une traverse visinale, du couchant maison de Balthezard Joannis escuier. Extimée 30 fl.

Peyron Gaillard, fol. 300.

Premierement ung maison descouverte assise a portemaige confrontant du levant et bise la rue, du couchant maison de M. Pierre Manferel et de midy maison de Anthoine Rodet, extimée à 10 fl. Tient Ambroise Hueille.

Jehan Pelisson, fol. 209.

Premierement une maison assise a la rue de lobservance. Confrontant du levant lad. rue et du couchant maison d'Anthoine Rodet extimée a 12 fl.

Anthoine Rodet, fol. 325.

Premierement une maison et court dudit Rodet assise à la traverse de lobservance, confrontant du levant lad. rue et du couchant maison des hoirs à feu

maison de Jacques Groniard, de midi traverse, de cochant et bise deux rues. 1 fl. 7 s. 6 d.

2. Jacques Groignard, fol. 104.

Item une maison assise a portemage confrontant du levant la rue allant a lagule de midi traverse qui ne passe point, de cochant maison du sieur de la roche et de bise la rue publique, prisée. 4 fl.

3. Ambroise Hueille, fol. 181.

Item une maison dans led. lieu confr. de levant rue de lobservance, de midi maison des hoirs de Mathieu Pelisson, du couchant maison du sieur de Manferel, de bise la rue. 1 fl. 4 s.

4. Mathieu Coye. Cécile Via nes sa veuve, fol. 204.

Premierement une maison assise a la rue de lobservance confr. de levant lad. rue de midi maison d'Anthoine Mouriez, de cochant maison de Loys Combe, de bise maison de Ambroise Hueille. 7 sous, 6 d.

5. Anthoine Mouries, fol. 217.

Premierement une maison assise dans led. lieu confrontant du levant et de midi deux rues, de cochant maison de Loys Combe, de bise maison de Ambroise

Mathieu Boyer. Extimée, 10 fl.

Lois Combes, fol. 156.

Premierement une maison assise a la rue sive traverse alant a lobservance. Confrontant de levant maison de Anthoine Rodet du couchant maison des hoirs de Loys Jacquet, du midy lad. traverse estimée a 5 fl.

Hoirs feu Loys Jacquet, fol. 142.

Premierement une maison assise a la traverse de l'auvergnas. Confrontant du levant avec maison de Loys Combe, du couchant avec ung estable de M⁰ Pierre Manferel extimée a 15 fl.

Jehannon Gibert (1).

Averement pour Mᵉ Pierre Manferel (2), notᶜ Royal et Lieutenant de Juge dud. Baulx, fol. 20.

Premierement une maison assise a portemaige en laquelle sont

Hueille. 11 fl., 1 s., 11 d. Tient Bitronne Sanguine vesve.

6. Loys Combe, fol. 97.

Item une maison confrontant de levant maison d'Anthoine Mouriez, de midi la rue, de cochant maison des hoirs de Loys Jacquet, de bise maison du sieur de Manferel. 1 fl., 7 s., 6 d.

7. Loys Coulier, fol. 82.

Item la moitié d'une maison assise dans led. lieu, confr. de levant maison de Loïs Combe, de midi la rue, de cochant et bise maison du sieur de Manfaret. Prisée 1 fl., 4 s.

8. Charles Gibert, fol. 36.

Item la moitié d'une maison commune et indivise avec Loïs Coulier, confr. de levant maison de Loïs Combe, de midi la rue, de couchant et bise maison du sieur Jacques Manfarel. 1 fl., 4 s.

9. Monsieur Jacques de Manfaret docteur ez droitz, fol. 271.

Premièrement la maison assise a porte mage, confr. de levant

---

1. La maison de Jehannon Gibert est comprise dans l'averement de Pierre Manferel.

2. Originaire de la ville de Langres ainsi qu'il nous l'apprend lui-meme, Pierre Manferel vint s'établir aux Baux à la fin du règne de Henri II. Tout d'abord clerc chez les notaires Simon Salomé et Loys Quenin, il ouvrit en 1560 une étude pour son propre compte ; se maria ; devint lieutenant de juge ; 1ᵉʳ consul en 1585 et

inluses et incorporées les maisons par luy acquises de feu Jehannon Gibert, Guillaume Maria et Trophemette Pradonne vesve de feu Gabriel de la Peyre confrontant du levant maisons des hoirs a feus Jehan Gaillard et Loys Jacquet, du midy et couchant les rues publiques et du vent de bise une traverse commune entre le sieur de la Roche, Jacques Groignard et led. averant. Extimée à 130 fl.

Tient Monsieur Loys Manferel.

maison d'Ambroise Hueille, de midi et cochant deux rues, de bise traverse qui ne passe point. 20 fl.

La petite maison et estable tient Pierre Mondon.

*Section **B**. — Limites :*

Levant : les rues de l'Observance et des Béguines.
Midi : rue du Chasteau.
Couchant : Grand'rue de la place aux Fourts.
Bise : traverse de l'Auvergnas.

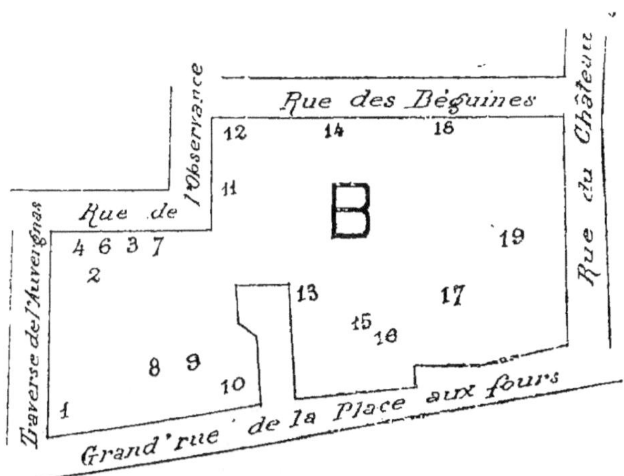

2ᵉ consul en 1572 et 1576. Il instrumenta jusques à sa mort survenue le 11 juin 1592, jour de la Saint Barnabé et fut inhumé dans l'église Saint-Vincent.

Jacques Manferel, fils de Pierre et frère de Loys et de Marguerite qui épousa Pierre de Mondon, prit ses grades de docteur ez-droits. Il exerça pendant quelques années à la cour des Baux et fut premier consul en 1597, 1603, 1614 et 1619. Il prit une part très active aux événements réactionnaires de cette dernière année et des deux autres qui suivirent.

Cadastre de 1584

Anthoine Mathe, fol. 227.

Premierement une maison et court dud. Matte, acquise de M⁹ Loys Quenin assise aud. Baulx et en la rue droicte allant de la maison du Roy aux fourts dud. Baulx confrontant du levant maison de du midy court de Anthoine Quenin, du couchant et bise les rues extimée a 20 fl.

Anthoine Quenin, fol. 200.

Premierement une maison et court joignant ensemble assise aud. Baulx et a la grand rue allant de portemaige aux fourts, confronte du levant maison de Jacques Hugue et rue de l'Observance, et du couchant la grand'rue extimée à 22 fl.

Cadastre de 1598

1. François Matte, fol. 307.

Premierement une maison dans led. lieu, confrontant du levant maison de Claude Vincent de Tarascon, de midi maison de Catherine Canine, de cochant et bise deux rues. 5 fl., 10 s., 9 d.

2. Cathérine Canine.

3. Pierre Place, fol. 176.

Item une maison dans led. lieu confronte du levant rue de lobservance, de midi maison de Jacques Canin, de cochant la rue, de bise maison de Catherine Canine, 2 fl., 8 s.

4. Claude Vincens, fol. 364.

Premierement une maison assise dessus la maison de François Mate, confrontant du levant la rue de lobservance, de midi maison de Cathérine Canine et couchant maison de François Mate, de bise la rue. 2 fl, 8 s.

5. Poncet Matti.

Jean Cameau, fol. 277.

Maison dud. Cameau assise a la rue de louservance confrontant du levant lad. rue et midy meson de Jacques Hugues et de couchant meson d'Anthoine Mathe. 10 fl.

Hoirs feu Anthoine Hugue, fol. 278.

Premierement une maison assise a la rue de l'observance, confrontant lad. rue et du couchant et bise maison de Anthoine Quenin, extimée a 6 fl.

Hoirs feu Brisson Quenin, fol. 147.

Premierement une maison sive cellier et court assise a la rue droicte, confronte du levant la rue de l'observance, du couchant, lad. rue, du midy maison de Monsieur de Manville. 15 fl.

Tient Honnorat et Jacques Quenin.

6. Hoirs de Pierre Brunet, fol. 28.

Item une maison en la grand'rue, confrontant levant la rue de lobservance de midi maison de Pierre Place, de cochant la grand'rue, de bise Poncet Mate. 4 fl.

7. Jacques Ugue, fol. 120.

Item une maison assise dans led. lieu confrontant du levant la rue de lobservance, de midi maison de Pierre Place, de cochant et bise maison de Catherine Canine. 1 fl., 7 s , 6 d.

8. Jacques Canin de Brisson, fol. 164.

Item une partie de maison assise a la grand'rue venent des fourts en place, confrontant du levant la rue de lobservance de midi autre partie de maison de Honnorat Canin, du cochant la grand'rue de bise maison de Pierre Place. 1 fl., 4 s.

Tient François Patin berger, 15 novembre 1618.

9. Honnorat Canin, fol. 346.

Item une partie de maison assise a la grand'rue venent des fours a la place, confrontant du levant la rue de l'observance, de midi maison du sieur de Manville, de cochant la grand'rue, de bise court de Jacques Canin. 2 fl , 8 s.

Claude de Manville escuyer, fol. 1.

Plus une aultre grand'maison appellée la maison neusve aud. Baulx a la rue susdicte confrontant du levant la maison de Aymon et Jacques Boyer que feust jadis de Jehan et Nicolas Loches et du couchant lad. rue, mis en presaige 60 flor.

Jehan Savy, fol. 321.

Plus une maison dud. Savy assise aud. Baulx et en la rue des Beguines, confrontant du levant et bise lad. rue, du midy maison de Henriquon Geoffroy, extimée à 8 fl.

Armand et
Laurens Quenin, fol. 164.

Premierement pour une maison estant encore en commung avec Armand Quenin assise en la grand'rue allant aux fourts confrontant du levant les béguines, du midy maison de François Quenin, du couchant lad. rue et de bise traverse que ne passe point, extimée pour la moitié d'icelle a 14 fl.

Tient les deux parts Loys Canin.

10. Claude de Manville, fol. 13.

Item aultre maison a la grand'rue confrontant du levant une petite maison de Lois Canin et une traverse qui ne passe point, du midi lad. traverse, du cochant la grand'rue, de bise maison de Honnorat Canin. 12 fl.

11. Jacques et Jehan Brocs, fol. 28.

Item une court a lobservance confrontant du levant court de Jehan Savi traverse entre deux, de midi court d'Aymon Peire, de cochant traverse que ne passe pas. 3 s., 4 d. Tient Jehan Broc.

12. Jehan Savi, fol. 18.

Item une maison assise en la rue de l'observance confrontant du levant lad. rue, de midi maison de Anthoine Geofroit, de cochant court de Jehan Broc, de bise la rue. 2 fl., 1 s., 14 d.

13. Loys Canin, fol. 108.

Item une maison assise a la grand'rue venant des fours en la place, confrontant du levant maison de Anthoine Jauffret, de midi Pierre Mondon, de cochant lad. rue, de bise une traverse. 6 fl. 8 s.
Charge Pierre Lere d'Anthoine.
Charge Daniel Ponson.

Aymon et Jacques Boyer frères, fol. 129.

Premierement une maison assise a la traverse que ne passe point, près la grant'rue allant aux fourts, confrontant du levant court de Jehan Savi, traverse au millieu, du couchant maison de Monsieur de Manville, extimée a 12 fl.

Item aultre maison avec ung estable assise dans une traverse, confrontant du levant maison de Mᵉ Jehan Savi, de midi lad. traverse, de cochant maison du sieur de Manville de bise Honnorat et Jacques Canin. 3 fl., 8 s., 20 d.

Chargé le sieur lieut Vincens, 12 9ᵇʳᵉ 1611.

Tient Guillem Malan.

Henriquon Geoffroy, fol. 325.

Premierement une meson dotalle acquise par un legat de Sauvaire Geoffroy, assise aud. Baulx et a la rue des Beguines, confrontant du levant lad. rue, du midy court de Aymon Peyre et de Bise meson de Claude fils, extimée 10 florins.

14. Anthoine Jaufret, fol. 347.

Premierement une maison a la rue des Beguines, confrontant du levent lad. rue, de midi et cochant court de Aymon Peyre, de bise maison de Jehan Savy. 1 fl., 20 d.

François Quenin, fol. 88.

Premierement une partie de maison assise a la grand'rue confronte de levant les béguines, du couchant a la rue droicte, extimée a 16 fl.

Tient Monsieur Mondoni.

15. Pierre Mondon, fol. 77.

Premierement une maison assise a la grand'rue venent des fours a la place, confrontant de levant maison d'Aymon Peyre de midi led. Peyre, de cochant lad. rue, de bise Loys Canin. 5 fl. 4 s.

Eymon Peyre, fol. 69.

Premierement une maison et court assise a la grand'rue allant de la maison du roy aux fourts dud. baulx, confrontant du levant la rue des Béguines et du couchant lad. grant'rue, extimée a 50 fl.

16. Aymon Peyre, fol. 107.

Item maison a la grand'rue, confrontant du levant la rue des benines, de midi maison de Claudet Peyre de cochant lad. grand rue, de bise maison de Mondoni. 11 fl., 11 s., 6 d.

Vincens Ricard, fol. 61.

Premierement une maison et court a la rue des Beguines, confrontant du levant lad. rue et du couchant court de Aymon Peyre, extimée a 23 fl.

Plus une aultre. petite maison au devent la précédente avec sa court y joignant confrontant du levant et couchant les rues extimée a 10 fl.

Adverement des biens de Claude de Manville escuyer sieur dud. Lieu, fol. 1.

Et premierement sa grand'maison en laquelle il habite, en laquelle sont incorporées les maisons et estable acquises par led. sieur tant des hoirs de feu Jehan Ricard que de feu Anthoine Flandrin assise es Baulx et a la grand'rue inclus et comprins les bastiments neufs qui ont esté faicts dans l'enclos des confronts desd. maisons et repparations, confrontant du levant midy et couchant avec les rues publicques et du vent de bise la maison de Claudet Peyre et maison de Vincens Ricard. 160 fl.

17. Claude Peyre, fol. 116.

Item maison de son habitation confrontant de levant maison de Vincens Ricard, de midi le sieur de Manville, de cochant la grand'rue alant aux fours, de bise maison de Aymon Peyre. 10 fl., 8 s.

18. Vincens Ricard, fol. 120.

Item une maison assise a la rue des beguines confrontant de levant lad. rue, de midi et cochant maison du sieur de Manville, de bise court d'Aymon Peyre. 5 fl., 4 s.

19. Claude de Manville escuyer et sieur dudict lieu, fol. 13.

Item la grand'maison ou il fait son habitation, confrontant du levant la rue des beguines, de midi la rue allant au chateau, du cochant la mesme rue, de bise maison de Claudet Peyre. 36 fl.

reçu par Mᵉ Loys Quenin fut passé le 19 mai de la susdite année dans la salle basse du château des Baux. Présents : le capitaine Grille Honoré des Martins, sa femme Jehanne de Quiqueran, Maurice Fanyer sieur de Forniquet de Nîmes, Mᵉ Lyonard Cosmes docteur es-droictz de Carpentras, Jean de Renaud sieur d'Aquella, et le père sire Petit Jehan Peyre. Pierre de Lieutaud docteur es-droictz juge royal à Beaucaire était le cousin de la mariée.

Capitaine Eymon Peyre, à la tête de quelques Baussenqs, fit le siège du château de Montpaon en 1595 mais fut repoussé. En 1582 et 1588 on le nomma premier consul et mourut dans les premières années du xviiᵉ siècle.

Nº 17. Claude Peyre, dont le père sire Jehan Peyre-Crote, mort en 1547, était propriétaire du Mas et tenement du Destet, naquit en 1539 et fut présenté au baptême par Claude d'Astre écuier. Sa femme s'appelait Suzanne Vincent, et mourut après elle en 1624 après avoir été 2ᵉ consul en 1589.

Nº 18. Vincens Ricard, fils de Guilhem, 2ᵉ consul en 1577.

Nº 19. Claude de Manville écuier, Sieur du lieu, fils de Guilhem de Manville et de Marie de Aymar, épousa le 15 septembre 1560 Yolande de Paul de Lamanon et fut le père de six filles : Jeanne, Marie, Madeleine, Suzanne, Françoise et Diane, et d'un fils qui lui survécut appelé Pierre. Pendant les années 1562, 1572, 1580, 1590, il exerça les fonctions de premier consul, fit reconstruire en 1571 sa grand'maison qui lui servait d'habitation, par M. Jehan Flayelle, de Dornac en Vivarais.

A sa mort survenue en octobre 1604, à l'âge de 84 ans environ, on l'inhuma dans la chapelle de Manville, construite par son oncle, le chevalier Claude de Manville, et incorporée à l'église Sᵗ-Vincent des Baux.

Section C. — Limites :

Levant : place de Lorme.
Midi : rue allant au Trenquat.
Couchant : rue des Fours au Trenquat.
Bise ou nord : rue du Chasteau.

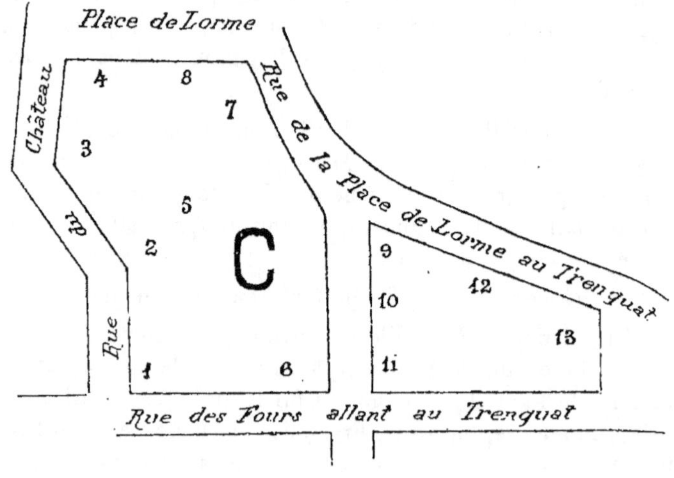

Cadastre de 1584	*Cadastre de 1598*
Hoirs de Thomas Bertrand.	1. Perrinette Du Mas, fol. 77.

Hoirs de Thomas Bertrand.   1. Perrinette Du Mas, fol. 77.
Premierement une maison assise a la rue des fours confrontant du levant maison des hoirs de Monet Flandrin, de midi maison d'André Du mas, de cochant et bise deux rues. 1 fl., 7 s., 6 d.

Monet Flandrin, fol. 166.

Plus une maison assise pres des fourts dud. Baulx, confronte du levant maison de Andre Ylleman, et du couchant maison des hoirs de Thomas Bertrand, extimée a 8 fl.

2. Hoirs de Monet Flandrin, fol. 76.

Item une maison alla rue allant au chasteau, confrontant du levant André Ilaman de midi maison d'André Du Mas, de cochant maison de Perinette du Mas, de bise la rue. 2 fl., 1 s., 4 d.

Andre Yllaman, fol. 323.

Ce feuillet manque.

Pierre Peyre fils d'Anthoine, fol. 286.

Premierement une petite maison avec la court ou dernier sise a la place de lorme confronte du levant avec lad. place, du midi avec la rue de couchant maison de André Ylemand, extimée a 10 fl.

Andre Du Mas, fol. 183.

Premierement une maison sise pres des fourts dud. Baulx, confrontant du levant la place de lorme et du couchant la grand'-rue allant au plan du chasteau, extimée à 15 fl.

Pernette du Martegal, fol. 301.

Premierement une maison assise près des fourts dud. baulx, confrontant du levant, maison des hoirs a feu Mounet Flandrin, du midy court d'André Dumas et du couchant lad. rue, extimée a 10 fl.

Fours Banaux.

Peyre du Mas, fol. 283.

3. Andre Haman, fol. 84.

Item ung dessus de maison assise a la rue allant au chasteau, confrontant du levant estable et court de Claude Peire, de midi maison de André Dumas, de cochant maison des hoirs de Monet Flandrin, de bise la rue. 1 fl., 20 deniers.

Charge Jehan Jacquet.

4. Claude Peyre, fol. 116.

Item aultre maison a la place de lorme confrontant du levant une petite rue alant a la place, du midi lad. place de cochant maison d'André Ireman de bise la rue alant au chasteau. 10 fl.

5. Andre Du Mas, fol. 281.

Item aultre maison pres des fours confronte de levant la place de lorme, de midi maison de Bertron Du Mas, de bise Perrette Du Mas, de cochant rue allant ou plan du chasteau. 5 fl., 4 s.

Item aultre maison joignant la susd. que soloit estre de feu Peire du mas acquise par Honnore du mas fils et heritier aud. feu Andre et legitime du sieur Lieutenant Laugier. Prisée 4 fl.

6. Fours Banaux.

7. Hoirs de Peyre Du Mas, fol. 141.

Premierement une maison assise pres des fourts dud. Baulx confrontant du levant la place de lorme, du midy et couchant la rue desd. fourts extimée a 15 fl.

Jannon Peyre, fol. 247.

Premierement une maison assise pres des fourts dud. baulx, confrontant du levant avec la rue allant de l'église a la place de lorme et du couchant la grand'-rue allant au plan du chasteau, extimée a 30 fl.

Item une maison aupres des fours, confrontant de levant la place de lorme, du midi les fours de couchant la rue de la place auxd. fours et de bise Andre du Mas. 4 fl.

Charge a l'heritage a feu Ch. Laugier.

8. Hoirs de Peyron Meynier, fol. 354.

Ung dessoubs de maison assise a la rue allant au chasteau, confrontant du levant estable et court de Claude Peyre, de midi maison de Andre Dumas, de cochant dessus de maison dandre Illeman de bise lad. rue. 1 fl., 20 d.

9. Pierre Vergnes, fol. 228.

Item une moitié de la maison perale pres des fours confronte de levant rue de la place de lorme, de midi maison des hoirs de Vidau Laugier, de cochant et bise deux rues, 3 fl., 4 s. Pierre Peyre et Jehan Peyre sont chargés de toute la maison.

10. Pierre Peyre fils de Janon, fol. 46.

Item moitie dune maison dans led. lieu confrontant de levant et bise et couchant trois rues, de midi maison des hoirs de Vidau Laugier.

11. Me Jehan Peyre notre, fol. 225.

Item la moitié de la maison que souloit habiter feu Janon peire son pere assise dans Led. baulx confrontant de levant couchant et bise les rues, de midi maison des hoirs de Vidaul Laugier. Item la moitié de lad. maison par luy acquise de Pierre Peyre.

Tient Antoine Marque son beau-fils toute lad. maison charge ce 6 juillet 1621.

Vidal Laugier, fol. 66.

Plus une maison jadis de Pierre Saurain assise pres des fourts des Baulx, confronte de levant et couchants avec deux rues et du vent du bise la maison de Sire Jannon Peyre extimée à 10 fl.

Hoirs feu Armand Baillol, fol. 145.

Plus une aultre maison assise en lad. rue, confrontant du levant la dicte rue et couchant (rue venant de la place de lorme au trenquat), extimée a 40 fl.

12. Hoirs de Vidau Laugier, fol. 362.

Item une maison assise aupres des fours, confrontant maison des hoirs de Janon Peyre, d'aultre part maison de Pierre et Bresson Ballol. 1 fl. 7 s. Tient Pierre Griffe de feu George.

13. Bresson et Pierre Baillhols, fol. 233.

Item aultre maison près de la place de lorme confrontant de levant midi et couchant les rues, de bise maison des hoirs de Vidaul Laugier presaige 5 fl. 10 s. 9 d.

NOTES

N° 11. Iehannon Peyre fils de Monet Peyre, premier consul en 1552 et 1559.

N° 13. Armand Baillon premier consul en 1561, et second consul en 1567.

Brisson Baillon son fils, second consul en 1587.

Pierre Baillon son autre fils, second consul en 1590.

Pierre Baillon le jeune, second consul 1595 et 1608.

*Section **D**. — Limites :*

Levant : rue du Chasteau au trou de Laure.
Midi : rocas des Banes.
Couchant : place de Lorme et rue allant au Trenquat.
Bise : rue allant au chasteau.

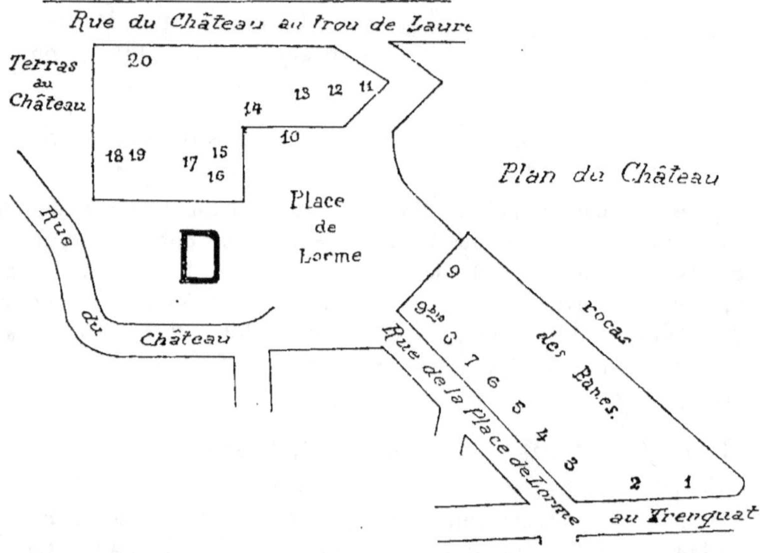

Cadastre de 1584	*Cadastre de 1598*

Claude Canin, fol. 3o.

Aultre maison et Baulme dud. Quenin acquise de Georges Centevier assise aud. baulx et lieu au trenquat, confrontant du levant le rocq, du midy la rue dud. trenquat avec ses aultres confronts, extimée a 12 fl.

1. Claude Canin, fol. 285.

Item ung moulin dhuille faisant douze cannes dhuille de sence au Roy qui confronte de levant le roucas, de midi led. roucas, de couchant la rue allant au plan de chasteau, de bise Anthoine Magnan, 2 fl.

Anthoine Maignan, fol. 1o5.

Premierement une maison assise a la rue du Trenquat con-

2. Anthoine Magnan, fol. 25o.

Premierement une maison assise au trenquat confronte de

frontant du levant maison des hoirs a feu Bertrand Yvarenc et du couchant lad. rue extimée à 6 fl.

Guillem Vianes et ses nepveux, fol. 105.

Premierement une maison assise au Trenquat, confrontant du levant le rocq du midy et couchant lad. rue et maison de Anthoine Magnan, extimée a 30 fl.

Heoirs feu Armand Baillol, fol. 145.

Premierement une grand maison assise aud. Baulx et a la rue venant de la place de Lorme au Trenquat, confrontant du levant le rocq, et du conchant lad. rue, extimée a 100 fl.

Hoirs feu Guillem Reviron, fol. 132.

Premierement ung casal qui sollait estre maison assise dernier les fourts dud. Baulx confrontant du levant le rocq et du couchant la rue, dernier dud. fourts, extimée à 3 fl.

Hoirs a feu Jaume Michel dict Jannyllon, fol. 118.

Premierement une maison assise pres des fourts dud. Baulx, confrontant du levant le rocq du couchant la rue allant du plan

levant le rocas, de midi le moulin de Claude Canin, de cochant la rue, de bise maison des hoyrs de Jehan Vianez, presaigee 1 fl. 10 s. 11 d.

3. Guillem Vianes, fol. 127.

Item aultre maison assise aud. Trenquat, confronte de levant le roucas, de midi, maison et Anthoine Magnand, de cochant et bise la rue publique et maison de Pierre et Bresson Ballol, presaigec 4 fl. 3 s. 4 d.

4. Benson et Pierre Baillols, fol. 233.

Item aultre grande maison au rocas des banes confronte de levant led. rocas, de midi maison de Vianez, de cochant la rue, de bise maison desperit baillol, prisée 13 fl. 4 s.

5. Marin Proffict, fol. 364.

Une maison assise dans la rue allant a la place de lorme, confronte de levant le roucas, de midi maison de Pierre et Brisson Bailiols, de cochant lad. rue de bise maison de esperit baillol, presaigee 1 fl. 7 s. 6 d.

6. Esperit Ballol, fol. 364.

Premierement une maison assise a la rue allant a la place de lorme, confronte de levant le rocas, de midi maison de Marin

du chasteau a la place de lorme, extimée 5 fl.

M⁰ Jehan Flagelle, fol. 263.

Plus une maison dud. M⁰ Flagelle assise pres de la place de lorme confrontant du levant avec le rocq, et du couchant la rue de lad. place, extimée a 4 fl.

Claude Claret, fol. 319.

Premierement une maison assise dernier les fourts confrontant du levant le rocq, et du couchant rue de la place de lorme, extimée a 8 fl.

Anthoine Rey, fol. 329.

Néant.

Perine Boyere, fol. 292.

Plus un casal assis au dernier des fourts confrontant du levant le roc et du couchant avec la rue extimée a 4 fl.

Benoist Geoffroy de St-Remy, fol. 48.

Premierement une petite maison assise a la place de Lorme, confrontant du levant le rocq

Prouffit, de cochant lad. rue, de bise maison de M⁰ Jehan Flagelle, 1 fl.

Charge les enfants.

7. Jehan Flagelle, fol. 129.

Item une maison dans led. lieu des Baulx, confrontant du levant le rouchier, de cochant la rue, de midi maison et court d'esperit Baillol, de bise maison de Claude Claret. 2 fl., 8 s.

8. Claude Claret, fol. 257.

Item une maison a la place de lorme, confronte de levant le roquas, de midi court et maison de M⁰ Jehan Flagelle, de cochant lad. place, de bise maison des hoirs d'Antoyne Rey, prisée 2 fl., 8 s. Tient Anth. Graneau.

9. Hoirs de Anthoine Rey, fol. 361.

Premierement une maison dans lad. ville, confronte de levant le terras, de midi maison de Claude Claret, de cochant la place de lorme, de bise casau de Jehan Gibert. 3 fl., 11 s., 12 d.

9 bis. Jehan Gibert, fol. 232.

Néant.

10. Bertran Moton.

Une aultre maison assise a la place de lorme, confrontant du levant la rue allant au trou de

du trou de Laure et du couchant lad. place, extimée a 10 fl.

Martin Fatier, fol. 43.

Premierement une maison assise a la place de lorme, confrontant du levant midy et couchant avec les rues et lad. place, et de bise maison des hoirs de feu Aymon de Lorme, extimée a 15 fl.

Heoirs a feu Eymon de Lorme, fol. 114.

Premierement une maison assise a la place de Lorme confronte du levant avec la rue, du midy maison de Martin Fattier et du couchant une aultre rue passante extimée a 20 fl.

Jordane Rousse et les hoirs a feu Jehan Nicollet, fol. 113.

Premierement une maison acquise de Monsieur le Lieutenant Laugier assise aud. Baulx et en la place de lorme, confrontant du levant avec le barri du trou de Laure, du midy rue, du couchant lad. place, extimée a 10 fl.

Loys Boyer, fol. 161.

Premierement une maison assise a la place de Lorme confrontant du levant avec le rocq du trou de Laure et du couchant lad. place extimée à 10 fl.

laure, de midi estable destienne Lautier, de cochant le terras, de bise maison de Daniel Nicoulet. 1 fl., 4 s.

11. Martin Fattier, fol. 72.

Premierement une maison assise a la place de lorme confronte de levant et cochant deux rues publiques, de midi lad. place, de bise maison de Nye Nicoulete, 2 fl., 8 s.

12. Nye Nicoulete, fol. 96.

Premierement une maison assise a la rue de la place de lorme, confronte de levant et cochant deux rues publiques, de midi maison de Martin Factier, de bise jardin du sieur de Fontanille, 3 fl., 2 s., 12 d.

13. Daniel Nicoullet. fol. 155.

Item maison dans led. lieu, confronte de levant maison de Bertrand Mouton, de midi ung terras, de cochant place de lorme, de bise maison et court de Catherine Boyere. 11 fl., 8 s.
Tient pierre Nicolet.

14. — Catherine Boyer, fille de Loys, fol. 353.

Premierement une maison assise a la place de lorme, confronte du levant rue allant au trou de laure, du midi maison de Daniel Nicoullet, et le bise maison d'Estienne Leautié.

Estienne Leautier, fol. 67.

Premierement une maison assise a la place de lorme confronte du levant les barris vieulx, du couchant lad. rue, de bise maison des hoirs a feu Monet Flandrin, 15 fl.

Monet Flandrin, fol. 166.

Premierement une maison assise a la place de lorme, confrontant du levant le rocq, du midy avec la rue de lad. place et du couchant avec la rue allant du chasteau aux fourts. 18 fl.

Esperit Pellet, fol. 328.
(Manque).

15. Estienne Liautye, fol. 244.

Premierement une maison assise dans led. lieu des baulx, confronte de levant rue allant au trou de Laure, de midi maison de Catherine Boyer, de cochant la place de lorme, de bise maison de hoirs de Monet Flandrin, presaige 2 fl., 1 s., 4 d.

16. Jacques Angelier de St- Remy, fol. 330.

Item ung dessus de maison et court assise à la place de lourme confronte de levant la rue allant du trou de laure etc. (Mêmes confronts que la précédente). 1 fl., 7 s., 6 d. Tient Jehan Chaffant.

17. Hoirs de Monet Flandrin, fol. 75.

Item aultre maison assise a la place de lorme confronte du levant la rue allant au trou de laure, de midi maison d'Estienne Leautier, de cochant lad. rue, de bise maison d'Esperit Pelat. 2 fl., 8 s.
Tient Jaume Guerin.

18. Esperit Pelet, fol. 359.

Une maison assise aud. lieu confronte de levant et bise maison du sieur de Fontanille[r] de couchant rue allant au chasteau, du midi maison des hoirs de Monet Flandrin. 1 fl., 4 s.
Tient Andre Rangon son petit fils.
Tient Jannon Palenc, 16 9bre 1620.

Hoirs feu Jannon Lhere, fol.
138.

Prémierement une moitié de
maison assise aupres du chasteau
confrontant du levant et couchant avec les rues, et de bise
maison des hoirs d'Anthoine
Lere, extimée à 55 fl.

Tient la Dame des Baulx.

Tient le sieur de Fontanille.

Noble Dame Jeanne de Qui-
queran Dame des Baux, fol.
133.

Premierement une maison et
court assise pres du chasteau,
confrontant du levant avec le
roc et du couchant la rue du trou
de Laure allant au chasteau, extimée a 12 fl.

Pierre Lhere fils d'Anthoine, fol. 316.

Premierement une partie de
grand'maison assise auprès du
chasteau, confrontant du levant
et couchant les rues, de midy
maison de Pierre Lhere son cousin extimée y comprins le jardin
au devant, 61 fl.

Tient la Dame des Baulx.

Tient M. de Fontanille.

19. Jehan Ugue.

Ung dessoubs de maison assis
a la place de lorme etc. (Mêmes
confronts que la précédente).
1 fl., 4 s.

20. Loys de Valence escuyer
sieur de Fontanille, fol. 229.

Premierement une maison avec
ung Jardin ou devant d'icelle,
une court au dernier dicelle et
estable rue entre deux confronte
de levant le rocas des banes, de
cochant et bise troys rues et terras montant au chasteau, de midi
maison d'esperit Pelat et estable
du sieur du Brau, le tout presage
vingt ung florin et quatre souls.
21 fl., 4 s.

NOTES

N° 1. Claude Quenin second consul en 1584.

N° 4. Le confront au midi de cet immeuble nous donne la désignation du rocher : rocas des banes.

N° 20. Cette maison avec ses vastes dépendances appartenait sous le règne de Louis XI, à Pierre de Tarascon clavaire des Baux. De ses sucesseurs elle passa à Brusson Cornille qui la vendit à Jehannon Lère, chaussetier, dont les héritiers la cédèrent en deux fois à la baronne des Baux, Jehanne de Quiqueran laquelle y habitait jusques à sa mort survenue fin février 1588 entre deux épidémies de peste. Son héritier le baron des Baux, Jacques de Boches le céda à son tour en 1588, à Loys de Valence sieur de Fontanille.

Section E. — Limites :

Levant : rue du Trenquat.
Midi : rocas de la Claustre.
Couchant : remparts de la ville.
Bise : rue de derrière l'église.

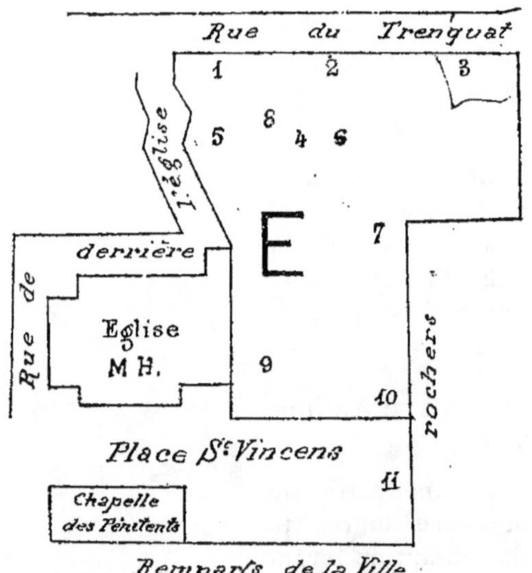

Cadastre de 1584	*Cadastre de 1598*
Heoirs feu Armand Baillol, fol. 145.	1. Benson et Pierre Baillols, fol. 233.
Aultre maison et baulme au	Premierement une maison au

trenquat confrontant du levant avec la rue dud. trenquat et du couchant et bise la rue que passe a leglise, extimée à 60 fl.

Guilhem Vianes et ses nepveux, fol. 105.

Plus une aultre maison sive estable assise aud. Trenquat, confrontant du levant le rocq et du couchant maison de Pierre Baillon et ses freres, extimée à 6 fl.

Esperit Peyre, fol. 71.

Plus une aultre maison appelée du Brau assise a la rue allant au plan du château, confrontant du levant lad. rue, extimée a 15 fl.

lehan de Cheminet, fol. 280.

Premierement une maison assise en la rue dernier lesglise acquise partie de lad. maison de Nicolas Boyer jadis de Georges Clarion, confrontant du levant maison de Pierre baillo et ses frères et du couchant ladite rue extimée a 16 florins.

Vincens Brunet, fol. 65.

Premierement une maison assise au lieu des Baulx, dernier leglise Sainct Vincens, confrontant du levant maison sive court

trenquat, confronte de levant la rue allant au plan du chasteau, de midi hoirs de Jehan Vianez de cochant maison de Jehan Cheminet et aultre, de bise la rue allant a leglise. 6 fl.. 8 s. Tient Pierre Baillon laisné.

2. Guillem Vianes, fol. 127.

Item une maison assise au trenquat confronte de levant la rue publique, de midi la roque, de cochant et bise la maison de Pierre et Bresson Baillol. 11 fl, 1 s., 6 d.

3. Ayme Barbier.

Item aultre maison assise au plan de Casteau, confronte la rue allant au plan de casteau, du midi la rue, de cochant le plan du casteau, de bise maison et roc de Guillem Vianez. 4 fl.

Tiennent Claude, Poncet et Jeannon frères.

4. lehan Chaminet, fol. 47.

Item une maison dernier leglise, confronte de levant maison de   de cochant maison des hoirs de Jehan Barbier, de midi maison des baylons, de bise la rue, 2 fl., 8 s.

5. Vincens Brunet, fol. 71.

Premierement une maison assise a la rue au dernier de leglise, confronte de levant lad. rue, de midi couchant et bise maison de Jehan Cheminet, du couchant maison de Joseph Roche extimée, 8 fl.

Loys Gibert, fol. 162.

Premierement une maison assise aud. Baulx et dernier leglise dud. Baulx, confrontant du levant le rocq et du couchant maison de la chapelle Sainct-Sébastien, extimée a 6 fl.

Messire Anthoine Gibert, fol. 41.

Premierement une maison assise dernier leglise Sainct-Vincens confrontant du levant la rue passant dernier lad. église, du midy et couchant le rocq de la Clostre, extimée a 10 fl.

Joseph Roche, mary de Gasparde, fol. 229.

Premierement une maison dud. Roche assise dernier leglise dud. Baulx, confrontant du levant maison de Vincens Bonnet et d'aultre part maison Jehan Cheminet et d'aultre part la rue extimée a 8 fl.

Messire Anthoine Gibert, fol. 41.

Plus une maison de lad. chapelle Sainct Sébastien assise soubz leglise Sainct Vincens confrontant du levant avec le sellier de la clostre et du couchant

de Jehan Chaminet, 1 fl., 20 s.

6. Hoirs de Jehan Gibert, dict Boulit, fol. 159.

Item maison a la rue darnier leglise, confronte de levant maison de Jehan Cheminet, de midi maison de Bresson Baillol, de cochan maison de Messire Jehan Gibert, de bise lad. rue, 1 fl., 20 d.

Tient peire Chieusse charge le 20 sept. 1613.

7. Messire Jehan Gibert, fol. 232.

... Item aultre maison assise au darnier de leglise, confronte de levant et midi le rocas de la cloistre, de couchant et bise la rue publique, 1 fl., 7 s., 6 d.

8. Hoirs de Joseph Roque, fol. 71.

Premierement une maison assise en la rue du darnier de leglise confronte de levant maison de Vincent Brunet, de midi maison de Pierre et Brisson Baillol de cochant maison de Jehan Chaminet, 1 fl., 4 s.

9. Messire Jehan Gibert, fol. 232.

Premierement une maison a la place devant la maison de ville, confronte de levant le celier de la clostre, de couchant baulme de Jeham Sordet, de bise lad.

baulme de Jehan Sordet extimée a 20 fl.

Jehan Sordet, fol. 236.

Plus une partie de baulme dud. Sordet acquise de François Anglade assise aud. Baulx et a la boulle, confrontant du levant la maison de la chapelle Sainct Sebastien, du midy le rocq, extimée a 1 fl.

place vis a vis la maison de ville, ladicte maison estant de la chapelle de Saint-Sébastien, 11 fl., 1 s., 14 d.

10. Jehan Sourdet, fol. 320.

Item une baulme et fenier dans led. lieu, confronte de levant la maison de la chapelle Saint-Sébastien et de midi le roc, 1 fl., 20 s.

Tient Claude Chauffie, ce 28 Fébvrier 1616.

11. Pierre Viret, fol. 98.

Item une baulme en la ville confronte de levant maison de la chapelenie de Saint-Sébastien, du midi bise et cochant les murailles de la ville, 1 fl., 20 d.

Notes

Construit vers le commencement du xiii siècle et ayant probablement servi aux Cours d'Amour, l'hôtel de La Tour du Brau fut possédé au xvi et au xvi siècle par la noble famille de ce nom, qui le vendit vers 1545 à sire Petit-Jean Peyre marchand des Baux fils de Monet, et propriétaire du tenement de Servanes. Par acte d'achat, Esperit Peyre ou ses héritiers en firent la cession à Eyme Barbier charpentier de Tarascon, fixé aux Baux à la fin du xvi siècle. Petit-Jean Peyre, premier consul en 1554, mourut dans son hôtel vers 1576.

N° 9. Messire Jehan Gibert, curé des Baux de 1574 à 1626.

L'église St-Vincent, non cadastrée, est fort ancienne. Carolienne par ses origines et ayant beaucoup souffert des invasions Sarrasines, elle fut relevée au ix et xi siècle par les soins des architectes POHCIVS et PETRVS dont on a trouvé les noms, et agrandie de toute une travée, dans ses deux nefs, par les maçons des Baux Jean Serre, Jean Sourd et Jacques Mestral en 1609.

A remarquer à l'extérieur, le porche du xi siècle si finement et classiquement profilé, et l'élégant campanile de 1535 élevé au-dessus de la chapelle des Manville. Dans l'intérieur, les deux arcs doubleaux de la chapelle méridionale et la cuve baptismale de la 2e chapelle a droite ; l'arc doubleau de la nef centrale à tore pointillé et dans l'encoignure Est, l'admirable voûte de la chapelle Ste-Croix des Manville, construite vers 1530.

La vue de l'église St-Vincent que nous donnons ici, est la reproduction d'un dessin exécuté en 1850 par le sieur Garcin d'Arles, et montre les fâcheux changements qui ont été apportés depuis lors au caractère médieval de l'édifice.

Vue extérieure de l'Eglise St-Vincent des Baux en 1850.

L'église des Pénitents occupe depuis 1650, l'emplacement de l'ancienne maison de Ville établie par voie d'achat en 1534.

*Section **F**. — Limites :*

Levant : rue des Fours au Trenquat.
Midi : rue de darnier l'église.
Couchant : place Saint-Vincens.
Bise : rue des fours à l'église.

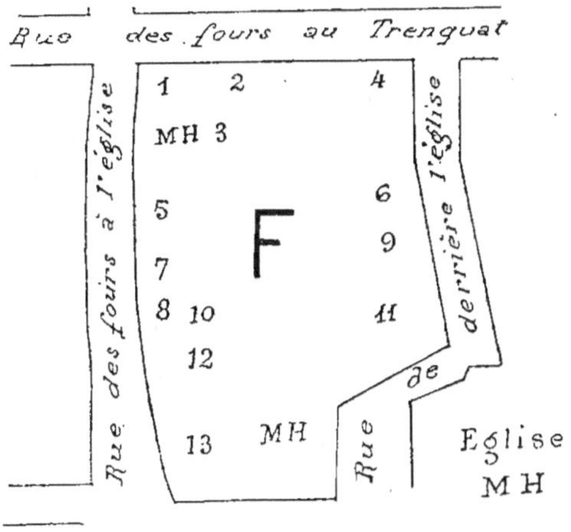

<table>
<tr><td>

Cadastre de 1584

Anthoine Baudier.

</td><td>

Cadastre de 1598

1. Pierre d'Arrez, f° 165.

Premierement une maison assise a la rue allant des fours au plan du chasteau, confronte de levant lad. rue, de midi et cochant Nicolas Marteau, de bise autre rue, 2 fl. 8 s.
Charge Jean Roux Le Monet.

</td></tr>
<tr><td>

Pernet Gibert, fol. 300.

Premieremet une maison dud. Gibert dotalle acquise de Anthoine Manson assise en la grand'rue allant au plan du châ-

</td><td>

2. Vincens Remusat, fol. 94.

Premierement une maison en la rue allant au plan de chasteau, confronte de levant la rue, de midi et cochant maison de

</td></tr>
</table>

teau confrontant du levant lad. rue, du midy court de M. d'Astre et du couchant maison de l'hoirie de feu M. Anthoine Baudier, extimée a 24 fl.

Claude d'Astre escuyer, fol. 170.

Plus une aultre maison avec sa court assise au rues allans des fourts au trenquat, confrontant du levant avec la rue droicte et du couchant maison dud. d'Astre. 25 fl.
Tient Nicolas Martel.

Alix Coye, fol. 281.

Plus une maison assise au trenquat, confrontant du levant la rue allant au plan du château et du couchant maison de Françoise du Chemin extimée à 20 fl. Tient Anthoine Villevieille.

Ayme Barbier, fol. 76.

Premierement une maison assise a la rue allant des fourts a leglise dud. baulx, confrontant du levant maison de lhoirie de feu Anthonie Baudiere, du couchant maison de Mᵉ André Imbert, extimée à 15 fl.

Françoise du Chemin, fol. 175.

Premierement une maison assise dernier leglise dud. Baulx confrontant du levant maison d'Alix Coye et du couchant mai-

Nicolas Martel, de bise Pierre de Retz, 2 fl. 8 s.

3. Nicolas Martel, fol. 135.

Item une maison en la rue allant des fours a leglise, confronte du levant la rue allant au plan de chasteau, de midi maison d'Anthoine Villevieille, de cochant Ayme Barbier. 8 fl.

4. Mᶜ Anthoine Villevieille, fol. 240.

Premierement une maison assise a la rue allant au plan de chasteau, confronte de levant lad. rue, de midi rue allant au dernier de leglise, de cochant André Prat, de bise maison de Nicolas Marteau. 4 fl.

5. Ayme Barbier, fol. 303.

Premierement une maison assise en la rue allant des fours a léglise, confronte levant maison de Nicolas Martel, de cochant maison de Pierre Viret, et de bise la rue. 4 fl.

6. Mᶜ André du Pré, fol. 255.

Premierement une maison au dernier de leglise, confronte du levant maison d'Anthoine Villevieille de midi la rue au dernier

son de Claude d'Astre escuyer, extimée a 10 fl.

Messire André Imbert, fol. 197.

Premierement une maison assise a la rue qui va de leglise aux fours dud. Baulx, confrontant du levant maison de M⁹ Ayme Barbier, du midy maison et court de M⁹ d'Astre, et du couchant maison des hoirs a feu Claude Laugier dict le beyllon, extimée a 25 fl.

Catherine Negre dicte Beyllone, fol. 35.

Premierement une maison assise a la rue allant des fourts à leglise, confrontant du levant maison de M⁹ Andre Imbert et du couchant maison de Pierre Boyer, extimée a 20 fl.

Claude d'Astre, fol. 170.

Plus une aultre maison assise darnier leglise Sᵗ-Vincens, confrontant du levant avec maison dud. d'Astre et du couchant avec maison de Françoise du Chemin, extimée a 12 fl.

Pierre Boyer, fol. 294.

Premièrement une maison as-

de lad. eglise, de couchant maison des hoirs de Claude d'Astre, de bise maison de Nicolas Marteau. 2 fl. 8 s.

7. Pierre Viret, fol. 98.

Item maison assise a la rue des fours alant a leglise, confronte du levant maison doctale de Ayme Barbier, du midi maison de M⁹ Nicolas Martel, de cochant court de Catherine Negre. 5 fl. 4 s.

8. Catherine Negre, fol. 183.

Item une maison a la grand'rue confronte du levant maison de Pierre Viret, de midi maison des hoyrs de Claude d'Astre, de cochant maison des hoirs de Pierre Boyer. 3 fl., 2 s., 6 d.
Charge Laurens Boyer.
Chargé M⁹ Ayme Barbier.

9. Hoyrs de Claude d'Astre, fol. 293.

Premierement une maison au dernier de leglise, confronte du levant maison de André du Prat, du midi la rue, de cochant maison du sieur de Manville, de bise maison de Catherine Negre. 1 fl., 7 s., 6 d.
Tient Mathieu Boyer.

10. Hoirs Pierre Boyer, fol. 323.

Premièrement une maison assise a la rue allant des fourts à leglise dud. Baulx, confrontant de levant maison de Catherine Nègre et du couchant maisou de Simone Flandrine, estimée à 30 fl.

Claude de Manville, escuyer, fol, 1.

Plus une aultre maison assise aud. Baulx, dernier leglise perochialle Sainct Vincens dud. lieu, confrontant du levant maison de Claude d'Astre escuier, et du couchant lad. Eglise, rue au milieu. 25 fl.

Simone Flandrin, fol. 57.

Premierement une maison assise a la place Sainct Vincens dud. Baulx confrontant du levant maison de Pierre Boyer, du midy maison de M. de Manville, et du couchant maison de Madame de Vers.

Genereuse dame Marguerite de Quiqueran, dame de Vers, fol. 97.

Premierement une maison et court avec ung estable assis près de leglise dudict baulx, confrontant du levant maison de Simone Flandrine et du couchant la traverse allant au barry, extimée à 50 fl.

sise a la rue des Fours tirant à leglise, confronte du levant maison et court de Catherine Negre de midi maison du sieur de Manville au dernier de leglise, de cochant maison de Simone Flandrine, de bise rue publique. 4. fl.

Tient Mathieu Boyer, 25 may 1614.

11. Claude Manville, fol. 13.

Item une maison dernier leglise, confronte du levant maison du sieur d'Astre, du midi et cochant la rue dernier leglise, de bise maison de Simone Flandrine. 5 fl. 10 s. 9. d.

12. Simone Flandrine ou Pierre Margot, fol. 31.

Premierement une maison qui confronte de levant maison des hoirs de Pierre Boyer, dé cochant maison du sieur Du Baie, de bise la rue publique, 4 fl.

Tient Anthoine Agnellier charge le 24 Aoust 1614.

13. Pierre de Pourcelet, sieur du Baye, fol. 28.

Premierement une maison avec ung estable et court l'un devant laultre, lad. maison confronte trois rues publiques et led. estable deux rues publiques et maison du sieur de Robiac, presagee, 10 fl., 8 s.

Tient le sieur lieutenant Vincens charge le 6 juillet 1613.

*Section **H**. — Limites :*

Levant et bise : rue de la place aux fours.
Midi : rue de la lauze.
Couchant : place et rue allant à l'église.

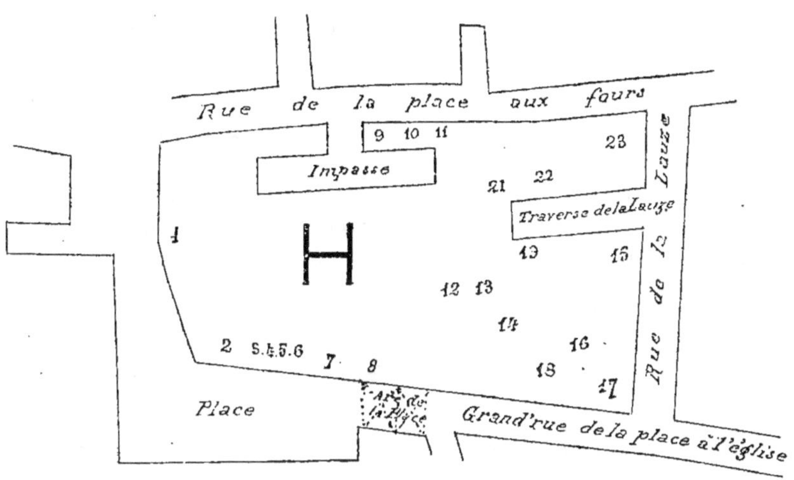

Cadastre de 1584	*Cadastre de 1598*

Jehan Manson de Bertrand, fol. 141.

Premierement une maison et court assise aupres de la place confrontant du levant et couchant la rue grande, extimée a 36 fl.

Pour le seigneur, fol. 57.

Plus une maison assise a la place confronte du levant maison de Jehan Manson de Ber-

1. Jehan Manson de Bertron, fol. 147.

Item maison et court joignant ensemble, confronte de levant bise et cochant trois rues, de midi maison de monseigneur le conestable. 10 fl. 8 s.

Tient lad. Catherine fille dud. Manson partye de lad. maison, crotte, et court, chargée le 15 janvier 1617.

2. Monseigneur le Connestable, fol. 224.

Premierement une maison assise a la place dud. lieu, confronte du levant maison de Jehan

trand du midy maison de Jehan Pages, du couchant lad. plasse extimée a 40 fl.

Jehan Pagès, fol. 248.

Pareillement une maison assise a la place dud. Baulx, confrontant du levant maison et cellier de Jehan Manson de Bertrand, du midy maison des hoirs a feu Michel Quenin et du couchant lad. place. 30 fl. Tient Martin André. Tient Jehan Arnaud.

Hoirs feu Michel Quenin, fol. 143.

Premierement une maison assise a la place dud. Baulx, confrontant du levant et midy maison de Jehan Quenin boilaigne, du couchant lad. place et de bise maison de Jehan Pagès extimée a 35 fl.

Jehan Quenin Beauloigne, fol. 208.

Premierement une maison assise a la place dud. Baulx, confrontant du levant la traverse qui ne passe pas, du midy maison de Armand Lere, et du couchant lad. place extimée a 34 fl.

Manson de Bertrand, de midi maison de Jehan Arnaud, de cochant rue de lad. place, de bise maison de Jehan Manson. 8 fl.

Tient Jacques Quenin chargé le 25 juillet 1620.

3. Mc Jehan Arnaud, fol. 312.

Premierement une maison a la place, confronte de levant la court de la maison de monseigneur le Conestable, de cochant lad. place, du midi maison de Reimon Canin, de bise lad. maison du seigneur Conetable. 8 fl.

4. Jaume la Croix ou Jehan son fils, fol. 31.

Premierement une maison assise en la place de la ville confronte du levant et midi maison de Giraud et Jacques Quenin, de cochant lad. place, de bise maison de Jehan Arnaud. 11 fl. Charge Mᵉ Loys Manson.

5. Reymon et Estienne Quenin, fol. 125.

Item une maison en lad. place, confronte de levant et midi maison de Giraud et Jacques Canins, de cochant lad. place, de bise maison de Jehan Arnaud. 5 fl. 4 s.

Tient Mᵉ Loys Manson.

6. Giraud et Jacques Canins, fol. 313.

Premierement une maison assise a la place, confronte du levant traverse non passant, de midi, maison de Loys Canin, de couchant lad. place, de bise maison d'Aurias Canin, 10 fl., 8 s.

Lad. maison a été partagée par moitié entre les deux frères le 25 Aoust 1619.

Armand Lère, fol. 216.

Premierement une maison a la place dud. Baulx, confrontant du levant la traverse que ne passe point et du couchant lad. place, extimée a 40 fl.

Tient Loys Quenin.

7. Loys Canin, folio 108.

Item une maison a la place, confronte de levant une petite rue que ne passe pas du cochant lad. place, de midi maison de Pierre Peyre, de bise maison de Giraud et Jacques Canins, 10 fl., 8 s.

Tient Estève Ygonnet fournier d'Arles.

Tient Jacques Grimardier charge le 8 juillet 1621.

Pierre Peyre de Jehannon.

8. Pierre Peyre de Janon, fol. 46.

Item maison a la place, confronte de levant traverse visinale de midi maison de Me Salome de cochant muraille de la ville, de bise lad. place, 14 fl , 8 s.

Tient Me Jehan Quenin.

Pierre Coye, fol. 295.

Premierement une maison assise à la grand'rue allant de la maison du Roy aux fourts, confrontant du levant avec lad. rue et du couchant maison de Pierre Bourjac, extimée a 25 fl.

9. Brisson Coye, fol. 31.

Premierement maison assise en la grand'rue allant aux fours, confronte de levant lad. rue, de midi Jeanne et Catherine Boyeres de couchant et bise la rue qui ne passe pas, 2 fl., 8 s.

Anthoine Boyer, fol. 187.

10. Jehanne et Françoise Boyeres. Lad. Jane feme de Jehan Logier, et lad.

Premierement une maison dud. Boyer assise a la rue droicte allant aux fourts, confronte du levant, lad. rue, maison d'Anthoine Rostier et couchant une traverse que ne passe point, extimée à 10 fl.

Anthoine Roustier, fol. 196.

Premierement une maison assise audit baulx a la grand'rue allant aux fourts, confronte du levant lad. rue et du midy maison de Mᵉ Jehan Sallome, du couchant la traverse, de bise maison de Jehan Coye, extimée 20 fl.

Mᵉ Jehan Sallome, fol. 250.

Premierement une maison dudict Mᵉ Salome assize aud. Baulx et en la rue droicte allant de la place en leglise dud. baulx avec une citerne et une maison acquise de Jehan Imbert, confrontant du levant et couchant les deux grand'rues, du midy maison de Pierre Borjac et de bise maison de Pierre Peyre de Jehannon, extimée a 100 fl.

Plus aultre maison dud. Mᵉ Sallome assise a la rue droicte allant de la maison du Roy aux fourts, confrontant du levant et midy les rues et du couchant la

Françoise feme de François Blanc, fol. 28.

Premierement une maison assise a la grand'rue allant aux fours, confronte du levant lad. rue, de midi maison d'Athoine Roustier, de cochant rue qui ne passe point, de bise maison de Bresson Coye, 2 fl., 8 s.

Nota que faut cocher cette taylle entierement sur Jehan Logier, luy mesme me layant dict le 18 juin 1606.

11. Antoine Roustier, fol. 40.

Item maison a la grand'rue allant aux fours confronte de levant lad. rue, de midi maison de Mᵉ Jehan Salome, de cochant rue qui ne passe point, bise maison de Jeane et Catherine Boyere. 5 fl. 4 s.

12. Mᵉ Jehan Salomé, fol. 41.

Item une maison en la rue alant de la place en leglise, confronte de levant la rue allant aux fours, du cochant la grand'rue allant de la place a leglise, de midi maison de honorat Bourjac, de bise maison de Pierre Peyre. 13 fl. 4 s.

Jan Saulmier tient celle dicte de Jorget joignant la presente, charge le 25 juillet 1620.

traverse qui ne passe pas, extimée a 25 fl. Tiennent par moitié Jehan Grimardier et André Marque.

Pierre Borjac, fol. 288.

Premierement une maison dud. Bourjac assise en la grand'rue allant de la place en leglise dud. baulx, confrontant du levant maison Loys Bremond, du couchant lad. rue et de bise maison de M° Jehan Sallomé. — 55 fl.

Une aultre maison assise a la traverse de la lauze, confrontant du levant maison de sire Laurens Manson, traverse au milieu, et du couchant maison et estable de M^r le lieutenant Laugier et traverse vésinalle, extimée a 20 fl.

Jehan Sordet, fol. 236.

Premièrement une maison, estable et court joignant ensemble assise aud. Baulx et la rue droicte allant de la place a leglise dud. Baulx, confrontant du levant la traverse de la lauze qui ne passe point et maison de Peyre Loche, du midy une maison de M^r le lieutenant Laugier, du couchant la grand'rue, et de bise maison de Pierre Borjac, extimée a 47 fl.

Jehan Sicault, fol. 211.

Premierement une maison acquise de M. le lieut^t Laugier, assise a la rue de la Lauze confrontant du levant et midy lad.

13. Honnorat Bourjac, fol. 218.

Premierement une maison a la grand'rue allant aux fours, confronte de levant lad. rue, de cochant la grand'rue, de midi maison de Jean Sordet, de bise maison de Jehan Salome. — 9 fl. 4 s.

Chargé Peyre Honorat de 7 fl. 10 s. dud. présage, chargé Pierre Cotelan de St-Remy de 1 fl. 6 s.

14. Jehan Sordet, fol. 320.

Premierement une maison et estable en la grand'rue allant de la place en leglise, confronte de levant traverse de la lauze et maison de Peyre Loche, de midi maison de Huguet Boyer, de cochant la grand'rue, de bise maison Honorat Bourjat. — 12 fl. Pierre Sambuc s'est charge de 7 florins de presage de lad. maison.

15. Hugues Boyer, fol. 366.

Premierement une maison a la place de la lauze; confronte de levant et midi lad. place, de couchant maison de Jehan Da

.rue, du couchant une traverse qui ne passe point, et de bise maison de Pierre Barjac. 4 fl.
Tient Huguet Boyer.

Anthoine Collier, fol. 186.

Premierement une maison partie de laquelle a acquis de M. le lieutenant Laugier, assise aud. Baulx et a la grand'rue allant de la place en leglise dud. Baulx, confrontant du levant la maison de Catherine Negre et du couchant lad. rue, extimée a 24 fl.

Catherine Negre, dicte beylonne, f° 35.

Plus une aultre maison assise a la rue de la lauze, confrontant du levant lad. rue et du couchant de sire Laugier, extimée a 20 fl. Tiennent Jehan Daniel, et Anthoine Collier.

Jehan Daniel, fol. 279.

Premierement une maison assise a la grand'rue allant de la place a léglise, confrontant du levant maison de Catherine Negre et du couchant lad. rue, extimée a 20 fl.

Sire Charles Laugier lieut, fol. 19.

Plus aultre maison dud. sieur acquize de l'hoierie de feu Richard Bourjac, assise en lad. rue confrontant du levant la maison de Jehan Sordet, du midy la maison de Anthoine Collier et de

niel, de bise maison de Jehan Sourdet. 1 fl. 10 s 10 d.

16. Loys Coulier, fol. 82.

Item une maison en la rue allant de leglise a la place, confronte de levant maison des hoirs de Huguet Boyer, de midi maison de Jehan Daniel, de cochant lad. rue, 3 fl 2 s. 6 d.
Tient Guillaume Verboison, 26 aoust 1618.

17. Jehan Daniel, fol. 26.

Item aultre maison allant de leglise en la place, confronte de levant la place de la lauze, de cochant la rue allant a la place, de midi maison des hoirs de Bonifacy Margot, de bise maison de Loys Coulier. 5 fl. 4 s.

18. Pierre Vergne, fol. 228.

Premierement une maison a la grand'rue allant de la place a leglise, confronte de levant maison de Jehan Sordet, de midi maison de Loys Coulier, de cochant lad. grand'rue, de bise

bise la maison dud. Sordet, extimée a 36 fl. Tient Pierre Vergnes.

Peyre Loche.

Fremine Flandrine, fol. 90.

Premierement une maison assise a la traverse de la lauze
confrontant du levant maison de
Loys Bremond et du couchant
lad. traverse qui ne passe pas,
extimée a 10 fl.

Tient André du Mas lo debas.

Loys Bremon, fol. 159.

Premierement une maison assise en la grand'rue alant de porte maige aux fours dud. Baulx,
confrontant du levant lad. rue,
du midy maison de Laurens Manson, du couchant maison de
Peyre Lohe, extimée à 13 fl.

Tient Audin Saladin.

Tient Anthoine le dessus,
fol. 90.

(De la maison de Fremine
Flandrine).

maison dud. Sordet. 4 fl., 8 s.
Charge André Paulet.

19. Bastien Loche, fol. 19.

Item une maison a la place de
la lauze, confronte de levant
maison d'André du Mas, de midi
la rue de la Lauze, de cochant
maison de Jehan Sordet, de bise
maison d'Honorat Bourjac. 1 fl
7 s. 6 d.

20. André Du Mas, fol. 281.

Premierement une maison a la
place de la lauze confronte de
levant maison d'Audin Saladin,
de midi maison de Laurens Manson, de cochant lad. place, de
bise maison de Bastien Loche.
1 fl. 20 d.

Charge Pierre Manson. Tient
Georges Laugier.

21. Audin Saladin, fol. 149.

Item une maison assise a la
rue alant aux fours, confronte de
levant lad. rue de midi maison
de Laurens Manson, de cochant
maison de André Du Mas, de
bise maison de Honnorat Bourjac, 6 fl., 8 s.

22. Hoirs Pierre Bonnet,
fol. 28.

Premierement une maison assise a la rue de la lauze, confronte du levant maison d'Audin Sa-
latin, de Midi Laurens Manson,
de cochant lad. rue, de bise maison de Bastien Loché, 1 fl., 20 d.

'Laurens Manson, fol. 153.

Premierement une maison assize aud. Baulx, et en la grand'
rue allant aux fourts dud. Baulx,
confrontant du levant lad. rue,
du midy les maison de Me Jehan
Salome not. et maison d'Anthoine Villevieille, du couchant la
traverse qui vient de la rue de la
lauze, et du vent de bise maison
de Loys Bremond et des hoirs de
Pierre Bonnet, ayant led. Manson acquis la presente de Privat
Bef, extimée a 38 fl.

Pierre Boyer, fol. 294.

Premierement une maison assise a la rue allant des fourts a
l'église dud. Baulx, confrontant
du levant de Catherine Nègre et
du couchant maison de Simone
Flandrine, extimée à 30 fl.

23. Laurens Manson ou
Pierre son fils, fol 277.

Premierement une maison
confronte de bise la maison du
capitaine Audin, de midi et cochant les rue de la place de la
lauze du levant la grand'rue,
13 fl., 4 s.

24. Jehan Grimardier, dict
bayle court, fol. 64.

Item maison à la place de la
lauze confronte de levant maison
de Laurent Manson, de midi la
rue de lauze, de cochant rue qui
ne passe point, de bise led. Manson, 2 fl., 1 s., 14 d.

Tient Jacques Maurice.

NOTES

N° 1. Jehan Manson de Bertrand bourgeois, premier consul en
1581 et 1595.

5° Jehan Quenin Beaulaigne, premier consul en 1577.

7° Armand Lère, premier consul en 1573, 1578, 1587.

8° Pierre Peyre de Janon, premier consul en 1593 et 1601 ; second
consul en 1586.

9° Pierre Coye, second consul en 1588.

12° Jehan Salomé notaire, dont l'ayeul était originaire de Carpentras, premier consul en 1583 ; second consul en 1579.

23° Laurens Manson, marchand, premier consul en 1574 et 1586;
second consul en 1571, 1575 et 1580.

Section I. — Limites :

Levant : Grand'rue de la place à l'église.
Midi : Places : St-Vincens et de la Claustre.
Couchant : les barris.
Bise : rue porte eyguières.

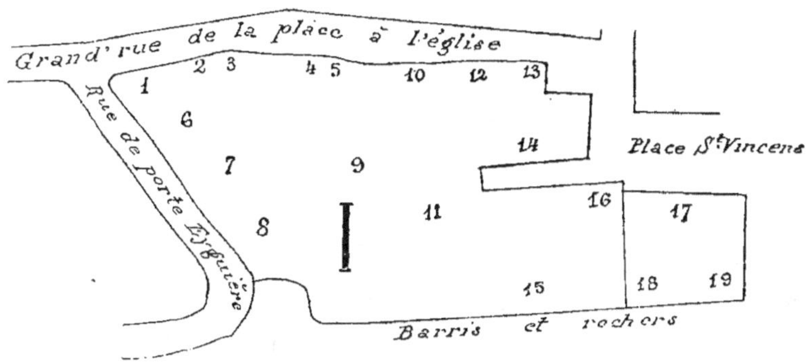

Cadastre de 1584	*Cadastre de 1598*
Jehan Jacquet Alegret, fol. 236.	1. Simon Fatier, fol. 362.

Jehan Jacquet Alegret, fol. 236.

Premierement une maison et estable assis à la grand'rue allant de la place a leglise dud. baulx, confrontant du levant lad. rue et du couchant les murs de la ville et une allant de lad. place à la porte de la ville, estimée a 25 fl.

(Est compris dans l'article suivant).

Sire Charles Laugier, lieut^t de Viguier, fol. 10.

Aultre maison estable et Baulme dud. sieur Lieutenant acquise de Jehan et Pierre Jacquets assise aud. Baulx en la grand' Rue allant a leglise dud. Baulx

1. Simon Fatier, fol. 362.

Premièrement une maison dans lad. ville, confronte de levant la grand'rue allant à leglise, de cochant la muraille de la ville, de midi Estienne Roustier, 4 fl.

Tient Trophime Laugier fors la petite Beaulme dessoubz la rue, de laquelle Jacques Quenin bourgeois s'est chargé.

2. Esteve Roustye, fol. 246.

Premièrement une maison aud. lieu, confronte de levant la grand'rue alant a leglise, de midi maison d'Anthoine Cornille, de cochant maison de

confrontant du levant lad. rue, de midy la maison de Guis Coye, du couchant la maison de Michel de la Croix et rue allant a la porte dud. Baulx, extimée et comprins le mollin a huile et Beaulme quest entre les deux portes dud. Baulx a 60 fl.

Tient M⁰ Charpineau le lougis, estable, mollin et Beaulme que peut estre la moitié. Estève Rostier et Peiron Meinier tiennent les mezons que peuvent estre laultre moytié.

Michel de la Croix, fol. 178.

Premièrement une maison dud. de la Croix assise aud. Baulx et rue de la porte dud. Baulx, confrontant du levant maison de Guigue Coye, et du couchant les murailles de la ville, bise lad. rue — 25 fl. Tient Gaspard Bernard.

Anthoine Cornille Guigue Coye, fol. 98.

Premierement une maison dud. Coye acquise de Jehan Daniel assise aud. Baulx et a la grand'·rue allant de la place en leglise dud. Baulx, confrontant du levant lad. rue, du midi maison de Magdeleine Rouquette, du couchant ung estable desperit Pillon, et du vent de bise maison de Monsieur le lieutenant Laugier, extimée a 25 fl.

Tient Anthoine Cornille.

Anthoine Geynet, f⁰ 313.

Premierement une maison as-

Gaspard Bernard, de bise maison de Simon Fatier, presaige 4 fl. 6 s. 8 d. Tient Pierre Honorat.

3. Gaspard Bernard, fol. 130.

Item une maison, confronte de levant Simon Fatier, du cochant murailles de la ville. 5 fl. 3 s. 20 d.

Tient Catherine Gillote veuve a feu Gaspard Bernard.

4. Anthoine Cornille, fol. 308.

Premierement une maison dans ledit lieu, confronte de levant la grand'rue allant de la place a leglise, de midi maison de Magdeleine Rouquete, de cochant estable de Pierre Peyre laisné. 5 fl. 10. s. 4 d.

Tient Jehan et Benoit.

5. Magdeleine Rouquete, fol. 258.

Premierement une maison as-

sise a la grand rue allant à leglise, confrontant du levant lad.
rue, de midy maison de Claude
Quenin, et de bise maison de
Guigue Coye, extimée a 12 fl.

Esperit Pillol, fol. 77.

Premierement une maison plus
ung estable et feniere joignant
apartenant a sa femme ensemble
assise pres de la porte dud.
Baulx, confronte au dessus maison de Guis Coye, de bise maison de Mᵉ Michel de la croix,
extimée a 15 fl.
Tient Pierre Peyre laisné.

Marcellin Laugier, fol. 173.

Plus une maison assise aud.
Baulx et pres la porte dud. Baulx,
confrontant du levant maison de
Laurens Sordet, du midy le rocq,
et du couchant et bise la rue de
lad. porte, extimée a 4 fl. Tient
la ville des Baulx.

Plus une aultre maison la
aupres confrontant du levant le
rocq et maison d'Esperit Pillol,
et du couchant la rue. 10 fl.
Tient Pierre Peyre laisné.

Laurens Sordet, fol. 155.

Premierement une maison
dud. Sordet, acquise de Françoise du Chemin, assise pres la
porte dud. Baulx, confrontant
du levant et couchant maison de
Marcellin Laugier, extimée a
10 fl.

Claude Quenin, fol. 30.

Premièrement une maison dud.

sise a la grand'rue alant en la
place a leglise, confronte de levant lad. rue, de midi maison de
Claude Canin, de bise maison
d'Anthoine Cornille. 2 fl. 8 s.
Chargé Michel Ymbau.

6. Pierre Peyre laisne, fol. 45.

Item estable pres la porte de
la ville, confronte de levant
maison de Mᵉ Cornille, de midi
Marcelin Laugier, de cochant la
rue, de bise maison de Gaspard
Bernard. 2 fl. 7 s. 22 d.
S'est charge Monsieur de Robiac.

7. Marcellin Laugier, fol. 30.

Premierement une maison que
confronte maison de Gabriel
Laugier, de bise la court et estable de Pierre Peyre. 9 s. 12 d.
Tient André Paulet charge le
4 juillet 1606.

8. Gabriel Laugier, fol. 85.

Item une maison confronte de
levant la roque de la ville, du
couchant la rue allant a la porte
de la ville, par moitié avec les
hoirs de Marcellin Laugier.
9 s. 12 d.

9. Claude Canin, fol. 285.

Premierement une maison as-

Quenin acquise de André Quenin assize aud. Baulx et en la rue allant de la place a leglise dud. Baulx confrontant du levant lad. rue, du midy maison de M⁰ Jehan Peyre, extimée a 30 fl.

M⁰ Anthoine Cornille, fol. 307.

Premierement une maison dud. Cornille acquise de l'hoierie de feu Jehan Margot assise aud. Baulx a la grand'rue allant de la place a lesglise dud. Baulx, confrontant de levant lad. rue, de midy court de la maison de M⁰ Jehan Peyre du couchant et bise maison Claude Quenin, estimée à 20 fl.

M⁰ Jehan Peyre, fol. 273.

Premierement une maison avec sa court assise à la grand' rue allant de la place a leglise confrontant du levant lad. rue et du couchant le rocq extimée a 35 fl.

Anthoine Imbert, fol. 297.

Premierement une maison dotale assise à la grand'rue allant de la place à leglise dud. Baulx, confrontant du levant maison de Jehan de Piraco et du couchant les murailles de la ville, estimée a 10 fl.

Jehan de Piraco, fol. 229.

Premierement une maison et court assise à la rue droicte al-

sise aud. lieu en la grand'rue alant de la place en leglise, confronte de levant lad. rue, de midi maison de Jehan Peyre. 8 fl.

10. Anthoine Cornille, fol. 308.

Item aultre maison assise en lad. rue confronte de levant la rue, de midi maison de M⁰ Jehan Peyre de couchant et bise maison de Claude Canin. 2 fl. 8 s.

11. M⁰ Jehan Peyre, not⁰, fol. 225.

Premierement une maison à la grand'rue, confronte de levant lad. rue, de cochant la muraille de la ville, du midi, le passage pour aller au bari, de bise la maison de Claude Canin. 10 fl. 10 s.

12. Anthoine Imbert, fol. 30.

Premierement une maison confronte de levant la grand' rue a l'eglise, de midi maison de Claude l'eyre, de cochant la muraille de la ville. 1 fl. 4 s.

13. Claude Peyre, fol. 116.

Item maison confronte de levant la grand'rue de la place

lant de la place à leglise, confrontant du levant lad. rue et du couchant maison de Claude d'Astre excuier, estimée à 25 fl. Tient Claude Peyre.

Barthelemy de Cavaillon, escuyer, f. 46.

Premierement une maison et court acquise de Loys Gibert assise pres la place Sainct-Vincens confrontant du levant et couchant maison et jardin de Ysoarde Giberte, extimée a 20 fl.

Ysoarde Giberte, fol. 269.

Premièrement une maison de ladite Giberte, acquise de Messire Jehan Gibert en son vivant p^{br}, assise aud. Baulx et a la grand'rue allant de la place a leglise dud. Baulx. Confrontant du levant lad. rue, du midy maison de Barthelemi de Cavaillon, escuier, du couchant et bise maison de Jean de Piraco, extimée 14 fl.

Plus ung jardin de lad. Giberte assis dans led. Baulx confrontant du levant la rue allant a leglise dud. Baulx, du midy maison Claude d'Astre escuier et de bise maison de Barthelemy de Cavillon, extimée à 6 fl. Tient M. de Cabassolle.

Claude d'Astre, fol. 170.

Premierement sa grand'maison assise a la place Sainct-Vincens, confrontant du levant la

allant a leglise, de midi maison de Barthelemy de Cavaillon. 8 fl. 6 s. 9 d.

14. Barthelemy Cavaillon, escuyer, fol. 10.

Item une maison et court a la rue allant a leglise, confronte du levant et midi lad. rue, de cochant maison du sieur de Robiac, de bise maison de Claudet Peyre. 6 fl. 8 s.

15. Valentin de Grille, sieur de Robiac, viguier en la ville d'Arles, fol. 81.

Premierement une maison dans ledit Baulx, confronte de levant la cour du sieur de Cabassole, de cochant la ruelle entre lad. maison et muraille de la ville, de bise maison de Anthoine Imbert, du midi estable de devant la maison du sieur d'Ubaye, 18 fl., 8 s.

rue allant a leglise, du couchant
avec le rocq, extimée a 90 fl.
Tient le sieur de Roubiac.

Genereuse dame Marguerite
de Quiqueran, dame de
Vers, 97.
… Un estable… pres leglise,
confrontant… couchant la traverse aliant au barry.

Claude Chauffier, fol. 40.

… Item une maison par lui
acquise de la commune assise
aud. Baulx et pres de leglise,
confronte de levant midy et bise
relarg de la clostre, et du couchant la maison restant a lad.
commune, estimée 20 fl.

16. Pierre de Porcelet, sieur
d'Ubaye, fol. 28.

… estable (confronte) deux
rues et maison du sieur de Robiac.

17. Me Claude Chaufye, fol.
72.
… Item une maison, confronte
de levant leglise, de midi la place
devant la clostre, de cochant la
maison de ville. 4 fl.
Chargé Pierre Boquet.

18. Hoirs Jacques Dinard,
fol. 215.

Une maison en la ville au devant de leglise confronte de levant la rue, de midi maison de
la ville, petite rue entre deux,
de couchant le barry. 4 fl.
Tient le lieutenant Vincent
charge le 15 juillet 1620.

Pons Serre, fol. 297.
Premierement une maison assise a la grand'rue allant de la
place a leglise dud. Baulx, confrontant du levant lad. rue et du
couchant maison et court de Me
Jean Peyre, estimée a 10 fl.

NOTES

Michel de la Croix, marchand, second consul en 1582.
Claude Quenin, second consul en 1584.

Jehan Peyre notaire, secrétaire de la communauté, premier consul en 1599, 1607, 1615, mort en 1626.

Barthélémy de Cavaillon, écuier d'Arles, propriétaire du tenement d'Auges avec le sieur de Robiac.

Valentin de Grille écuier, sieur de Robiac, viguier de la ville d'Arles.

Claude d'Astre écuier d'Eyguières établi aux Baux depuis 1536 environ.

*Section **J**. — Limites :*

Levant : Rue Pertemage.
Midi : Place et rue allant aux fours.
Couchant et bise : Balouard et rochers.

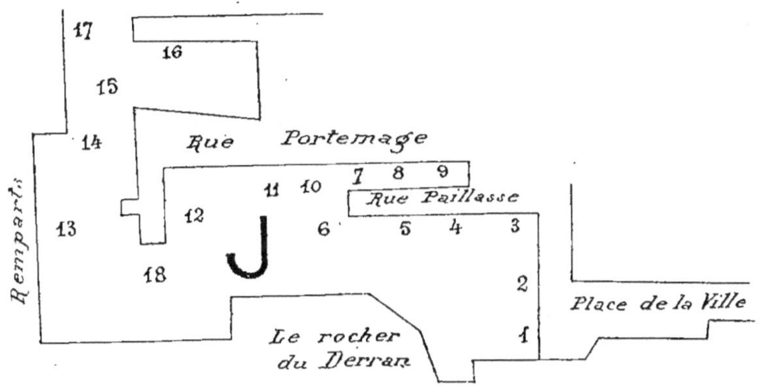

Cadastre de 1584

Jehan Manson le jeune, fol. 203.

Premierement une maison assise à la place des Baulx confrontant du levant Maison de Brisson Peyre audronne au millieu et la grand'rue et du couchant le derant extimée a 30 fl.

Vendue à Pierre Vergne, cette maison fut cédée à la commune qui s'en chargea le 27 nov. 1619.

Brisson Peyre, fol. 324.

Ce folio manque au cadastre de 1584.

Cadastre de 1598

1. Jehan Manson le jeune, fol. 58.

Premierement une maison assise a la place confronte maison de Brisson Peire, traverse au milieu, de midi lad. place, de cochant et bise murailles de la ville, 4 fl., 6 s., 9 d.

2. Brisson Peyre, fol. 301.

Premierement une maison assise dans led. lieu, confronte de

levant maison d'Alix Challiole, de midi la rue, de cochant meson de petit Jehan Manson traverse entre deux, de bise la challiolle, 8 fl.

Hoirs Richard Laugier, fol. 257.

Premierement une maison assise a la rue de la paillasse, confrontant du levant et midi avec lad. rue et du couchant avec maison de Brisson Peyre, extimée a 40 fl.

3. Alix Laugiere, fol. 335.

Item une maison assise dans la ville, confronte de levent la rue de la place, du couchant Brusson Peyre et les murailles de la ville, de midi la rue alant a la place, de bise maison de Anthoine Jaume, 6 fl., 8 s.

Charges les hoirs a feu Claude Constan dict Cavalier pour ung tiers de lad. maison qu'est 2 fl., 1 s., 16 d.

Charge Claude Flandrin pour 2 fl , 4 d.

Andre Bef. fol. 193.

Premierement une maison dud. Beit assise en la rue de la pallasse, confrontrant du levant lad. rue, du couchant avec la traverse du Deran extimée, a 13 fl., 4 s.

4. Anthoine Jaume et Claude Constant dict cavalier fol. 179.

Item une maison assise a la palhasse, confronte de levant la rue de lad. palhasse, de cochant les murailles de la ville, de midi maison d'Alix Laugier, de bise maison de Marie Chapusse, 1 fl., 7 s. 6 d.

André Brunet, fol. 191.

Premierement une maison assise aulx Baulx et a la rue de la pallasse confronte du levant lad. rue, du midy maison d'Andre Bef, extimée a 12 fl.

5. Marie Chapuze, fol. 311.

Premierement une maison a la rue de la place, confronte du levant lad. rue de midi maison de thoyne Jaume, de cochant murailles de la ville, de bise maison de Me André Grivet, 1 fl., 20 d.

Hoirs feu Jehan Boyer, fol. 127.

Premierement une maison assise a la rue de la paillasse, confrontant du levant maison Claude Boyer et de couchant le Deran, extimée a 15 fl.

Tient la femme de Mᵉ Grivet.

Hoirs Jaumet Laignel, fol. 122.

Premierement une maison assise a porte maige confrontant du levant le terras et du couchant la rue qui ne passe pas. 10 fl.

Claudet Boyer, fol. 151.

Premierement une maison assise a la rue de porte maige, confrontant du levant lad. rue, et du couchant maison de Claude Boyer son nepveu, extimée, 15 fl.

Jehan Teissier, fol. 212.

Premierement une maison assise à la rue de la paillasse confrontant du levant la rue de porte mage, du couchant la traverse de lad. paillasse extimée a 10 fl.

Blaise Gibert, fol. 129.

Premierement une maison as-

6. Mᶜ André Grivet, fol. 304.

Premierement une maison dans led. lieu, confronte de levant maison de Jehan Coutelan, de midi la rue de la place et maison Marie Chapusse, du couchant murailles de la ville, de bise maison de Mᶜ Jehan Canin, 11 fl., 6 s., 5 d.

7. Jehan Coutelan, fol. 100.

Item une maison assise a porte mage confronte de levant la rue de lad. porte, du midi maison de Guillem Brunet, de cochant maison de André Grivet de bise maison de Jehan Canin. 2 fl., 1 s., 4 d.

8. Guillem Brunet, fol. 262.

Aultre maison assise à porte mage confronte du levant la rue publique, de midi maison de Charles Laugier, du couchant rue qui ne passe point, de bise maison de Jehan Coutelan présagée 2 fl., 4 s., 20 d.

Tient Armand Guerin, 20 juillet 1620.

Janne Roustière.

9. Charles Laugier, fol. 51.

Une aultre maison confronte

sise a porte maige, confrontant
du levant, midy et couchant les
rues, de vent de bise maison de
Jehan Teissier, extimée 16 fl.

Tient M^r le lieut^l Laugier.

Hoirs feu Loys gros Pierron, fol. 138.

Premierement une maison assise a la rue de porte maige,
confronte du levant maison de
Me Jéhan Saudal, du midy maison de Claudet Boyer, du couchant le barry du Deran estimee
a 30 fl.

Tient Armand gros pierron.

Tient Me Jehan Quenin.

Jehan Saudart, fol. 214.

Premierement une maison dud.
Saudal assise aud. Baulx a la rue
de porte maige confrontant du
levant lad. rue, du midy maison
de Pierre Gros pierre, du couchant le rocq du Derrancq et de
bise maison de Armand Lere
extimée a 17 fl.

Anthoine Lère, fol. 216.

Plus une aultre maison assise
a portemage, confrontant du levant et bise la rue allant a la
maison du roi et du couchant le
rocq, estimée a 35 fl.

Pierre de Verace escuyer, fol. 183.

Premierement une maison appelée la maison du Roy, assise a
portemaige, confrontant du levant maison de Gabriel Flechon

de trois parts les rues publiques,
de bise maison dotale de Jeanne
Roustière. 1 fl. 7 s. 6 d.

10. Mc Jehan Quenin, fol. 222.

Premierement une maison dans
led. lieu, confronte de levant
la rue allant a porte maige, de
midi maison de Jehan Coutelan
et Andre Grivet, de cochant
muraille de la ville, de bise maison des hoirs de Jehan Saudal,
fol. 5 fl. 4 s.

Tient Pierre Peyre laisné.

11. Jehan Saudal, fol. 191.

Premierement une maison assise a porte maige, confronte de
levant la rue de lad. porte, de
midi maison de Me Jehan Quenin, du cochant murailles de la
ville, de bise maison de Anthoine Lere, 3 fl. 8 s. 20 d.

12. Anthoine Lere (aucune indication).

13. Pierre de Veracy, capp^e Viguier, fol. 331.

Premierement une maison assise a portemage, confronte de
levant maison de Gabriel Flechon, de midi la rue, de cou-

et du couchant et bise roc et murs de la ville, estimée a 40 fl.

Gabriel Flechon, fol. 123.

Item une maison sive neusve a lad. portemage, confronte de levant court dud. Lere, du couchant maison du roy de bise avec les murailles de la ville, extimée à 27 fl.

Premierement une partie de maison assise a portemage, confronte du levant avec lad. rue, du couchant avec estable de feu Armand Lère, traverse au milieu, extimée a 15 fl.

Tient Ciprien Yvarenc.

Anthoine Lère, fol. 216.

Plus une court assise ou que dessus (a portemage), confrontant du levant maison des hoirs a feu Jehan Yvarenc et du couchant maison de Gabriel Flechon. 5 fl.

Hoirs feu Bertrand Vivaren, fol. 139.

Premierement une maison assise a porte maige, confrontant du devant avec traverse qui ne passe point, et du couchant court de sire Armand Lere, extimée à 16 fl. Tient Catherine Nicolette.

chant et bise les murailles de la ville, chargés de 18 fl. ou Roy.

14. Gabriel Flechon, fol. 194.

Premierement une maison assise a portemage confronte de levant court de Anthoine Lere, de midi la rue de lad. porte, de cochant maison de Monsieur Pierre de Veracy, de bise la muraille de la ville. 3 fl. 2 s. 6 d.

Tient Aymon Manson.

15. Anthoine Lère (aucune indication).

16. Catherine Nicolette, fol. 182.

Item maison a portemage confronte de levant traverse que ne passe point, de midi la rue publique, de couchant court d'Anthoine Lere, de bise le rocas. 3 fl. 2 s. 6 d.

17. Claude Baumian, fol. 360.

Une maison confrontant du levant traverse qui ne passe pas, de midi maison de Catherine

Nicoulet du couchant et de bise, le roucas.

Achetée aux hoirs de Jean Sartre. 1 fl. 20 d.

Vidal Salaret, fol. 63.

18. Correspond au paragraphe de gauche.

Premierement une maison assise a portemaige, confrontant du levant la rue dudit portemaige, du midy le relarcq et du couchant et bise le roq, estimée a 8 fl.

Notes

Achetée par Pierre Vergnes, qui la revendit à la Communauté, la maison de Jehan Manson le jeune, servit de corps de garde pour surveiller l'entrée des Baux lors des évènements de 1619, 1620 et 1621. Plus tard, à la démolition du château, transformée en maison d'école et en prétoire de la justice, elle fut affectée aux délibérations consulaires, affectation qui subsiste encore.

Richard Laugier, mort le 18 avril 1580, premier consul en 1560, 1562 à la place de Claude de Manville fugitif ; second consul en 1546 et 1555.

Jehan Quenin, notaire, second consul en 1593 et 1609.

Pierre de Verace, écuier d'Arles, époux de Peyronne Laugière, décédée le 18 juin 1592, habitait aux Baux la *maison du roi*, construite en 1499.

Gabriel Fléchon possédait la maison élevée dans un *casal* ayant appartenu à noble Jehan de la Vèze. Elle fut construite par les soins de noble Anthoine de Fléchon, originaire de St-Remy, l'un des officiers de la suite du capitaine Grille.

*Section **K**. — Limites :*

Levant : le château et terras.
Midi : rue de lagulle.
Couchant : traverse portemage.
Bise : le balouard, et centinelle de Coye.

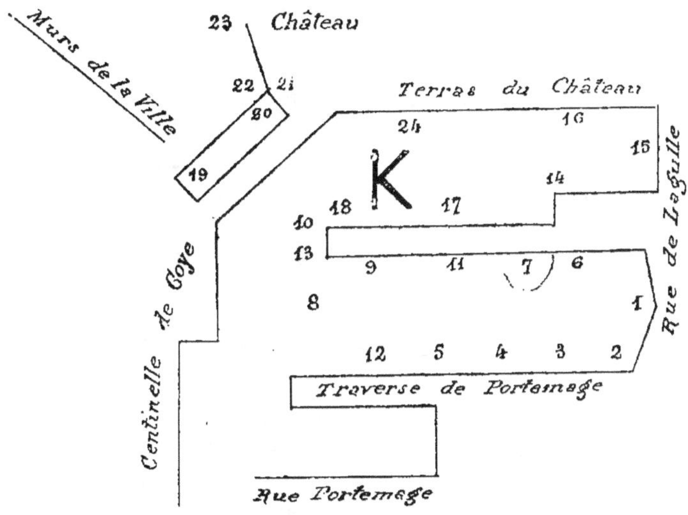

Cadastre de 1584.	*Cadastre de 1598.*
Jehan Brode, fol. 263.	1. Jehan Borde, fol. 47.
Premierement une maison assise a la rue de la Gulle confrontant du levant maison de Marquet Ulpian, de couchant lad. rue extimee 6 fl.	Item maison dans led. lieu confronte de trois partz les rues de bisc maison et court de Marquet Urpien, 1 fl. 10 s. 10 d.
Marquet Vulpian, fol. 168.	2. Marquet Vulpian. fol. 132.
Premierement une maison acquise de Cecille Fenayre assise a la rue de lagulle confrontant du levant lad. rue, et du couchant lad. rue extimée a 25 fl.	Item une maison assise a la rue de legule, confronte de levant lad. rue du midi maison des hoirs de Jehan Borde, du cochant la rue allant a porte mage, de bise maison de Siprian Yvarenc, 3 fl. 8 s. 20 d.

Heoirs Jaumet Laignel, fol. 122.

Premierement une maison assise a porte maige confrontant du levant le terras et du couchant la rue qui ne passe pas, extimee a 10 fl.

Sébastien Bernard dict Melet, fol. 48.

Premierement une maison assise a la rue de lagulle, confrontant du levant lad. rue, du couchant une traverse, extimee a 12 fl.

3. Suprian Yvarenc. fol. 356.

Une maison assise a porte mage confronte de levant la rue de legule de midi maison de Marquet Urpian, de cochant rue qui ne passe point, de bise maison de Esperit Lagneau, 4 fl.

4. Esperit Lagneau fol. 361.

Premierement une maison dans la dite ville, confronte de levant maison de Dauphine Ricarde, de midi maison de Cyprian Yvarenc, de bise maison de Anthoine Trenquat, de cochant rue ne passant, 1 fl. 10 d.

5. Anthoine Brun dict Trenquat, fol. 360.

Premierement une maison a porte mage confronte de levant Richard Griffe, de midi esperit Lagneau, de cochant et bise les rues, 1 fl. 4 s.

6. Daufine Ricarde, fol. 365.

Maison a la rue de lagule, confronte de levant lad. rue, de midi maison de Marquet Verpian, de cochant maison Anthoine Brun, de bise maison de Richard Griffe, 1 fl.

7. Richard Griffe.

Maison a la rue de lagule confronte du levant lad. rue, de midi maison de Pierre Groniard, midi maison de Daufine Ricarde, de cochant maison d'esperit

Vidal Salaret, fol. 63.

Premierement une maison assise a porte maige, confrontant du levant la rue dud. portemaige, du midy le relarcq et du couchant et bise le Rocq, extinée a 8 fl.

Guillaume Roge, fol. 318.

Premierement une maison assise a la place de la gulle confronte de levant maison des hoirs a feu Gabriel Mercier, du midi lad. rue, du couchant maison de Vidau Salarete. 5 fl.

Heoirs à feu Jehan Grimardier, fol. 119.

Premièrement une maison assise a portemaige, confrontant du levant maison de Jehan Grimardier, dict Gamat, et du couchant maison de Jehan Esmieu le jeune, extimée à 6 fl.

Jehan Grimardier dict Gamat, fol. 229.

Lagneau, de bise maison de Richard Griffe, 1 fl. 4 s.

8. Vidal Salarette, fol. 255.

Premierement une maison dans ladicte ville, confronte de levant maison des hoirs de Guillaume Rouge, de midi le relarg de lad. maison, de cochant maison de Guillaume Grimardier, de bise la muraille de la ville. 1 fl., 4 s.

9. Guillaume Rouge. fol. 253.

Premierement une maison dans led. lieu, confronte de levant maison des hoirs d'Anthoine Cheilan, de midi la rue, de bise le roucas. 1 fl. 10 s. 10 d.

10. Hoirs de Anthoine Cheilan, fol. 243.

Premierement une maison dans la ville confronte de levant maison des hoirs de Jehan Giraudon de cochant maison de Marie Grimardier, de bise maison de Vidal Salarete. 1 fl. 7 s.

11. Marie Grimardier, fol. 64.

Item une maison dans la ville confronte de levant maison de Richard Grifon, de midi maison d'Anthoine Brun de cochant rue né passant, de bise maison de Guillaume Grimardier. 1 fl. 4 s.

12. Guillaume Grimardier, fol. 239.

Premierement une maison assise a porte maige confrontant
du levant la traverse de lagulle
et du couchant la traverse dud.
porte-maige, extimée a 4 fl.

Hoirs feu Anthoine Grau-
gnard, fils d'Esperit, fol.
302.

Premierement une partie de
maison assise a porte maige,
confrontant du levant le terras
et rue, et du couchant une traverse que ne passe pas, extimée
a 6 fl.

Bernard Reves, fol. 316.

Premierement une maison assise a la place de laguille confronte du levant le roc, de midy
et couchant les peyrieres, de bise
maison des hoirs a feu Jehan
Nicoulet, extimée a 7 fl.

Jacques Molard, fol. 278.

Premierement une maison assise rue de la Gulle confrontant
du levant la rue allant aux murailles et du couchant maison de
Jehan Fenaigre, extimée a 15 fl.

Premierement une baulme assise a la rue de legule, confronte de levant lad. rue, de
midi maison de Claude Grimardier, de cochant et bise le rocas. 1 fl. 4 s.
Tient André Gilles, 8 octobre
1617.

13. Pierre Groniard d'An-
toyne, fol. 264.

Premierement une maison assise dans led. lieu, confronte de
levant rue de lagule, de midi la
rue, de cochant maison de Guillaume Rouge, de bise le Rouchier. 3 fl. 2 s. 6 d.

14. Hoirs de Jehan Girau-
don, fol. 192.

Premierement une maison assise rue de legule, confronte de
levant maison de Jacques Moulard, du midi traverse du portalet, de cochant lad. rue, de bise
maison de François Sievech. 4 fl.
Tient Jean Giraudon laisne.

15. Jacques Moulard M^e arpenteur, fol. 65.

... Item une maison pres le
terras, confronte du levant led.
terras du chasteau, de midi et
couchant rue de lagule, de bise
traverse du portalet. 2 fl. 8 s.
Tient Anthoine.
Item aultre maison confronte
de levant et bise la rue, du midi
traverse du portalet, de cochant
maison d'Anthoine Cheylan et

François Sievel. 2 fl. 8 s.
Tient André.

François Sievel, fol. 3i3.

Premierement une maison dud.
Sievel assise à la rue de la Gulle,
confrontant de levant maison de
Jehan Fenaigre, du couchant
lad. rue, extimée a 6 fl.

Jehan Vinaigre, fol. 2i3.

Plus une maison assise au
terras du château confrontant
du levant avec rue allant a
lagulle et du couchant la rue qui
ne passe point.

Plus une crotte assise la aupres confronte du levant maison
de Jacques Mollard et du couchant maison Anthoine et Gabriel Mercier dis teste longue.

Alix Coye, fol. 18i.

Premierement une maison assize près des murailles de la
vagede, confrontant de levant
maison de Maximin Jaume, et du
couchant le relarg, extimée 5 fl.
Tient Georges Griffe.

Claude Guiguet, fol. 3io.

Premierement une maison assise au terras des Coyes confrontant du levant maison de
Pierre et Guis Coye, de midy la
rue, extimée a 5 fl.

16. François Civench, fol.
34g.

Item une maison assise a la
rue de leygulle, confrontant du
levent le jardin de Jacques Moulard M^e arpenteur, de midi maison des hoirs de Jehan Girau-
don, de couchant lad. rue, de
bise lesd. hoirs de Giraudon.
1 fl. 7 s. 6 d.

17. Honorat Jaume, fol. 326.

Item une maison assise a la
centinelle de Coye, confronte
de levant maison de Monet
Aymard, de midi la rue, de cochant maison de Georges Griffe,
de bise la muraille de la ville.
1 fl. 20 d. Charge Loys Saurin.

18. Georges Griffe, fol. 363.

Premierement une maison assise a la centinelle de Coye, confronte de levant maison d'Honorat Jaume, de midi la rue, de
cochant lad. centinelle, de bise
la muraille de la ville. 1 fl.

Armand Coye, fol. 219.

Premierement une maison assise a la rue de la Gulle confrontant du levant le terras de lad. rue et du couchant avec une rue qui ne passe point, extimée a 12 fl

Heoirs feu Jehan Coye, fol. 134.

Premierement une maison assise pres du chasteau confrontant du levant les murailles dud. baulx et du couchant maison de Guigue Coye, extimée à 5 fl.

Pierre Viret de St-Remy, fol. 305.

Premierement une maison assise aupres du chasteau, confronte du levant le vieux chasteau, de midi le terras, du couchant jardin de Pierre Coye, 6 fl.

Tient Arnaud Roucet.

19. Pierre Coye, fol. 211.

Premierement une maison assise a la centinelle de Coye, confronte du levant maison de Simone Laugier, de midi le terras de cochant le chemin de lad. centinelle, de bise les murailles de la ville, 2 fl., 1 s., 14 d.

Tient Anth. Moulard, 1620.

20. Simone Laugière, fol. 366.

Premierement une maison assise pres le chasteau, confronte de levant led. chasteau, de midi le terras, de cochant maison de Pierre Coye, de bise murailles de la ville, 1 fl.

21. Arnaud Roucet, fol. 81.

Item une maison, confronte de levant et midi le terras du chasteau, de cochant jardin de Pierre Coye, de bise maison de Jehan Jacquet, 1 fl., 7 s., 6 d.

22. Jehan Jacquet jeune, fol. 244.

Premierement une crote dans led. lieu, confronte de levant le terras, de cochant jardin de Pierre Coye, 5 s., 10 d.

Tiennent Jehan et Anthoine Jacquet frères.

23. Mathieu et Trophime Laugier, fol. 178.

Item une crotte assise auprès du chasteau vieux, confronte du levant le chasteau vieux, de midi le relarg et la rue et estable de Pierre Coye et les murailles de la ville, 1 fl., 4 s.

24. Monnet de la Moure, fol. 189.

Premierement une maison assise dans led. lieu, confronte du levant et bise murailles de la ville de midi maison de Jacques Moulard, rue au milieu, de cochant la garite, 1 fl., 7 s., 6 d.

NOTES

Pierre Groniard, second consul en 1568.
Jehan Fenayre,   id.   1544.
Pierre Coye,   id.   1588.
Mathieu Laugier,   id.   1604.

*Section **L.** — Limites :*

Levant et Bise : rue de Lagulle.
Midi et Couchant : rue de l'Observance.

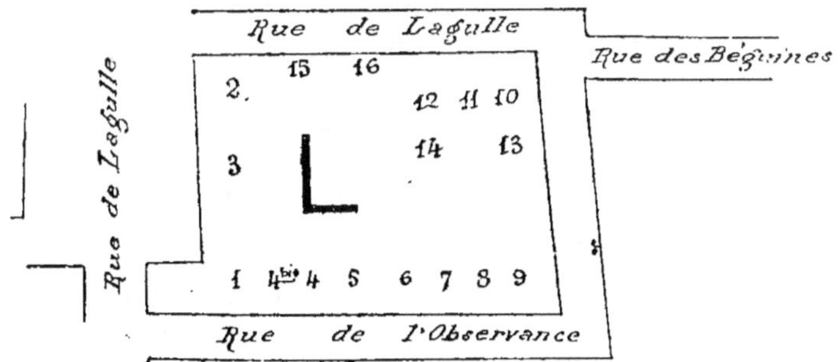

Cadastre de 1584

Hoirs feu Antoine Laugier et Thonie Flandrine leur mère, fol. 131.

Premierement une maison assise aux Beguines confrontant du levant la court de lad. maison et du couchant la rue de lagulle, extimée avec la partie dung hautl, 26 fl.

Bertrand Saudart, fol. 310.

Premièrement une maison assise au dessus la rue de lagulle, confrontant du levant le relarc, de bise maison de Sperite Imberte, extimée a 5 fl.

Mathieu du Mas, fol. 169.

Premierement une maison assise a la rue de l'observance, confrontant du levant casal de Sperite Jouberte, et du couchant lad. rue, estimée a 8 fl.

Sperite Giberte, fol. 74.

Premièrement une maison assise a la rue de lagulle, confrontant du levant avec traverse que ne passe point, du couchant avec la rue allant a l'observance et de vent de bise avec lad. rue et relarg, estimée a 25 fl.

Catherine Boyere, veusve de Arnoux Jallot, fol. 34.

Premierement une maison assise a la rue de l'observance, con-

Cadastre de 1598

1. Mathieu et Trophime Laugier, fol. 178.

Item une maison assise a la rue de l'observance, confronte de levant maison d'Arnaud Tiran, de midi, maison de Richard Chaliot, de cochant lad. rue, de bise la rue de legule. 1 fl. 10 s. 10 d.

2. Bertrand Saudal, fol. 25.

Premierement une maison au lieu des Baux, confronte de levant terras du chasteau, de midi le relarg de lad. maison, de cochant maison d'Arnaud Tiran, de bise la rue. 1 fl 7 s. 6 d.

Chargé Me Jehan Salomé.

3. Arnaud Tirant, fol. 231.

Premierement une maison assise en la rue de legule, confronte de devant maison des hoirs de Bertrand Sandal, de midi maison de Mathieu du Mas, de cochant et bise deux rues. 2 fl. 8 s.

4. Richard Jallot, fol. 363.

Premierement une maison dans led. lieu, confronte de levant

frontant du levant la maison dEsperit Imbert et du couchant lad. rue, estimée a 10 fl.

Hoirs a feu Sebastien Rossel, fol. 133.

Premierement une maison assise aud. Baulx et rue de l'observance, confrontant du levant casal des hoirs de feu Andre Coye, du midy rue, du couchant lad. rue et aultres, estimée a 8 fl. Tient Pierre Rousset.

Jaumet Judon, fol. 266.

Premierement une maison et court assise a la rue de l'observance confrontant du levant maison des hoirs de feu Gros Pierron et du couchant lad. rue, extimee a 8 fl.

traverse non passant, de midi maison de Pierre Roucet, de cochant lad. rue, de bise maison de Mathieu du Mas. 1 fl. 10 s. 10 d.

5. Pierre Roucet, fol. 117.

Item une maison rue de l'observance, confronte de levant traverse que ne passe point, de midi, maison de Gaspard Bouboul, de cochant, lad. rue, de bise maison de Richard Challiot. 1 fl. 7 s. 6 d.

6. Gaspard Bouboul, fol. 239.

Premierement une maison a la rue de l'observance, confronte de levant maison de Guillaume Tirasse, de midi maison de Jaume Judon, de cochant lad. rue, de bise maison de Pierre Roucet, 2 fl. 4 s. 20 d.

7. Pouliciane Rouce, fol. 345.

Premierement une maison a la rue de l'observance, confronte du levant maison des hoirs de Guillaume Tarisse, de midi maison de Jeaume Judon, de cochant lad. rue, de bise maison de Gaspard Bouboul, 1 fl. 20 d.

8. Jaume Judon, fol. 170.

Une maison assise en la rue de l'observance, confronte de levant et midi maison de Pierre du Gros Pieron, du cochant la rue, de bise maison de Pouliciane Rouce, 2 fl. 1 s. 4 d. Tiennent les hoirs de François Quenin.

Heoirs feu Loys Gros Pieron, fol. 138.

Item une aultre maison desd. hoirs assise a la rue de l'observance, confronte du levant avec maison de Guillem Centavier, de couchant lad. rue extimee a 12 fl.

Tient Jeannon Grospiere.

Guillem Sentavyer, fol. 103.

Premierement une maison assise derrier la rue de la gulle confrontant du levant maison des hoirs d'Arnoux Nicollet et du couchant maison de Guillaume Tarisse et des hoirs de Loys Grospieron, extimee a 20 fl.

Guillaume Tarisse, fol. 101.

Premierement une maison assise a la rue de l'observance confrontant du levant maison de Guillem Centavyer et du couchant maison de Jaumet Judon, extimee a 10 fl.

Pierre du Mas, fol. 286.

Plus une partie de maison acquise de Pierre Ulpien le jeune, assise a la rue de la gulle confrontant du levant avec l'aultre partie de lad. maison appartenant a Jehanne Fenayre et du couchant court de maison de Thomasse Saladine, extimee a 13 fl.

9. Pierre du gros Pierron, fol. 283.

Premierement une maison assise dans led. lieu des Baulx, confronte de levant maison de Guilhem Centavier, de midi et cochant la rue, de bise maison de Jaumet Gedeon, 2 fl. 8 s. 10 d.

10. Guillem Centavier, fol. 297.

Premierement une maison dans led. lieu, confronte de levant maison des hoyrs de Arnoux Nicoulet, de midi la rue, de cochant maison de Guillem Tiraxe et maison de Pierre Dumas, 4 fl.

11. Guillem Tarisse, fol. 343.

Premierement une maison a l'observance confronte de levant maison de Guillem Centavier, de midi maison de Pierre Gros Pierron, et la rue, de cochant maison de Jaumet Judon, de bise maison de Pierre du Mas, 1 fl. 4 s.

Charges Jacques et Jean Brocs.

12. Pierre du Mas, fol. 177.

Item une maison assise a la rue de lagule, confronte de levant maison de Jeanne Fenayre, du midi maison des hoirs de Guillem Tarice, de cochant une traverse que ne passe point, de bise le relarg de la rue, 2 fl. 9 s. Tient la vesve.

Hoirs feu Arnoux Nicollet et leur mère Marguerite Rollande fol. 189.

Premierement une maison assise a la rue de lagulle confrontant du levant maison de Jehan Jacquet Maillane et du couchant lad. rue extimée et comprins les réparations a 10 fl.

Jean Jacquet Maillane laisne, fol. 211.

Premierement une maison assise aud. Baulx a la rue de lagulle confrontant du levant lad. rue du couchant maison de Marguerite Rollande, extimée à 10 fl.

Hoirs feu Pierre Maignan, fol. 125.

Premierement ung dessus de maison assise a la rue de l'observance, confrontant du levant maison de Pierre du Mas, et du couchant la rue, extimée a 5 fl.

Janne Fenaigre, fol. 277.

Premierement une partie de maison assise a la rue de lagulle confrontant du levant lad. rue et du couchant leudronne de la maison des hoirs a feu David Blanc, extimée a 7 fl.

13. Hoirs de Arnoux Nicoulet, fol. 328

Item une maison a lobservance confronte du levent, maison de Jehan Jacquet legné, du midi la rue, du couchant maison de Guillem Centavier, de bise maison de Jehanne Fenayre.

14. Jean Jacquet le vieux dict Malhane, fol. 317.

Premierement une maison dans led. lieu, confronte du levant et midi maison d'Arnoux Nicoulet de bise maison de Jehanne Fenayre de cochant la rue, 1 fl., 10 s., 10 d.

15. Guigue Bernad, fol. 206.

Premierement une maison assise a la rue de lagulle, confronte du levant lad. rue, de midi maison de Jehanne Fenayre, de cochant la place, de bise la rue, 1 fl. 10 s., 10 d.

16. Jehanne Fenayre, fol. 364.

Premierement une maison a la rue de legulle, confronte de levant la rue, de midi maison de Jehan Jacquet dict Maillane, de cochant maison Pierre Dumas, de Bise maison de Guigne Bernard, 1 fl.

Section **M**. — *Limites :*

Levant : terras du château.
Midi : rue du château.
Couchant : rue des béguines.
Bise : place de lagulle.

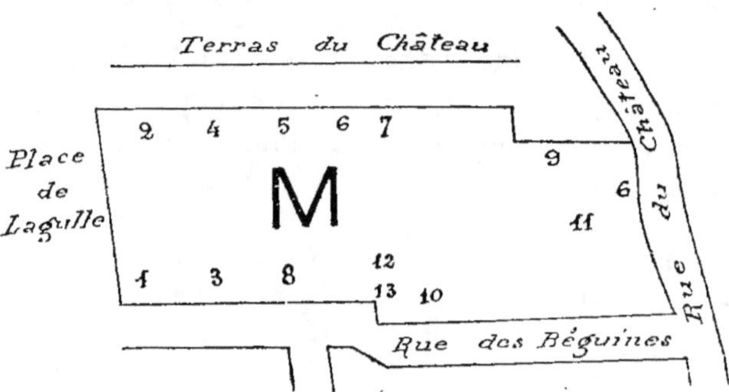

Cadastre de 1584	*Cadastre de 1598*

Cadastre de 1584

Anthoine Moulard, fol. 191.

Premierement une maison dud. Mollard assize aud. Baulx et a la rue de lagulle confrontant du levant le relarcq, du midy maisson de Raymond Bernard, du couchant lad. rue, et du vent de bise le terracq, extimée a 20 fl.

Honorade Flandrine, fol. 127.

Premierement une partie de maison assise pres du chasteau sive a la rue des Béguines, confrontant du levant avec le terras dud. chasteau, et du couchant partie de maison dotale d'André Dumas. 12 fl.

Tient André Dumas.

Nicolas Dinat, fol. 79.

Plus une aultre partie de mai-

Cadastre de 1598

1. Anthoine Moulard, fol. 62.

... Item une maison assise a la rue de lesgulle, confrontant levant maison de Jacques Hugue, de midi maison de Nicolas Disnard et la rue, de bise le terras du chasteau. 3 fl. 8 s. 20 d.

2. Jacques Hugue, fol. 111.

Item une maison assise dans led. lieu, confronte de levant le terras du chasteau, de midi maison de Pierre Brunet et la rue, de cochant maison d'Anthoine Moulard, de bise led. terras. 1 fl. 10 s. 10 d.

3. Nicolas d'Isnard, fol. 357.

Item une maison dans le dict

son acquise de Raymond Bernard assise a la rue de la gulle confrontant du levant la maison dud. Bernard et du couchant lad. rue, extimée a 17 fl.

(Ce folio manque).

Heoirs feu Jean Rodet, fol. 141.

Premierement une maison assise aud. Baulx et a la rue de la gulle confrontant du levant une traverse qui ne passe pas et du couchant avec maison de Marie la Brode et maison de Anthoine Bernard, extimée a 14 fl.

Hoirs feu Anthoine Giraud, dict Giraudon, fol. 3o4.

Premierement un casal assis pres le terras du chasteau, confrontant du levant led. terras, et du couchant une traverse qui ne passe pas, extimée a 6 fl.

Tient Ysnard Veysin, trasseur.

lieu, confronte de levant maison de Nouël Verpion, de midi maison de Thomasse Saladine, de cochant la rue, de bise maison de Anthoine Moulard. 2 fl. 8 s.

4. Noel Verpian, fol. 336.

Item une maison assise a la rue de legule confronte de levant lad. rue, de midi maison de Cristol Rodet, de cochant maison de Nicolas d'Ynard, de bise maison d'Anthoine Moulard. 2 fl. 1 s. 4 d.

5. Cristol Roudet, fol. 117.

... Item une maison, confronte de levant midi et couchant les rues, de bise maison de Noël Vrpian. 2 fl. 4 s. 4 d.

6. Pierre Brunet, fol. 262.

Premierement une maison confronte de levant terras du chasteau, de midi maison d'Ysnard Veysin, de cochant la rue, de bise maison de Jacques Ugue. 1 fl. 4 s.

7. Isnard Vesin, fol. 342.

Premierement une maison a legule, confronte de levant le terras du chasteau, de midi maison des hoirs de Mathieu Flandrin, de cochant lad. rue, de bise maison de Pierre Bouet. 1 fl. 7 s. 6 d.

Jean Jacquet Moutet, fol. 276.

Premierement une maison de Thomasse Saladine sa femme assise aud. Baulx a la rue de l'Observance, confronte du levant maison de Jehanne Fenayre traverse au millieu, de vent de bise maison de Pierre et Thony Rousset, du midi maison de Fleurie Mazote. 16 fl.

Cristoffe Jancelme. fol. 175.

Premierement une partie de maison inférieure assise a la rue de l'Observance confrontant du vent de bise maison et sellier de Thomasse Saladine et du couchant lad. rue, extimée a 9 fl.

Hoirs feu Mathieu Flandrin. fol. 168.

Plus une partie de maison acquise de Johan Coye de Guillem assise pres du chasteau, confrontant du levant led. chasteau et du couchant maison de Guis Coye, extimée a 6 fl. 10 s. 6 d.

Jordane Colombe, fol. 210.

Deux chambres du côté de la maison neuve à la maison de feu Mathieu Flandrin ; confr. levant maison desd. hoirs de midy la celeste et court, extimée 10 fl.

Vincens Ricard, fol. 61.

Plus une aultre petite maison

8. Thomasse Saladine.

Premierement une maison assise a la rue de leyquille, confronte du levant et midi maison de Cristol Roudet, de cochant lad. rue, de bise maison de Nicolas Dynard, presaige. 9 fl. 14 d.

9. Hoirs Mathieu Flandrin, fol. 362.

Maison desd. hoirs tenue par Andre Dumas, Honorat Moutet, Mathieu et Trophime Laugier, assise à la rue des beguines, confronte de levant, le terras du chasteau de midi la rue allant au chasteau, de cochant la rue des beguines de bise une rue qui ne passe pas. 10 fl. 8. s.

10. Vincens Ricard, fol. 120.

Item une petite maison avec

au devant de la precedente avec sa court y joignant, confrontant du levant et couchant les rues, extimée a 10 fl.

Pour le Seigneur, fol. 60.

Item une aultre maison assize a la rue des beguines, du levant ce confronte et couchant et midy les rues publiques extimées a 20 fl.

Heoirs feu Esperit Mouton, fol. 139.

Premierement une maison et establerié assis a la traverse des Loches, confrontant du levant jardin et court de Jehan Savy, du couchant la rue, du midy maison des hoirs à feu Jaumes Quenin estimée a 12 fl.

Honorat Motet et Marthe Flandrine sa femme, fol. 175.

Premierement ung debas d'une maison dotalle avec une crotte assise aux beguines confrontant du levant court de lad. Flandrine et du couchant la rue de la gulle, extimée a 18 fl.

Honnorade Flandrine, fol. 127.

... Plus une autre maison sise partie presque dessus dud. chas-

le jardin, confronte de levant la rue allant au chasteau, de midi et bise aultres rues, de cochant aultre rue. 2 fl.

Tient Me Jehan Bremond.

11. Monseigneur le Connestable, fol. 224.

Item aultre maison dud. seigneur assise à la rue des beguines, confronte de levant midi et cochant rues allant au chasteau, de bise maison de Vincens Ricard. 2 fl. 8 s.

Charge Jacques Gailian ce 25 juillet 1620.

12. Bertrand Mouton, fol. 367.

Premierement une maison assise dans une traverse, confronte de levant une court devers les beguines, de midi maison de Loys Canin, de cochant lad. traverse, de bise establé de Pierre Coye. 1 fl. 10 s. 9 d.

Charge Sperit Martin.

13. Pierre Coye, fol. 211.

Item estable et fenière dans une traverse confronte de levant traverse que ne passe point, de midi maison de Bertrand Mouton, de cochant, lad. traverse, de bise estable de Loys Canin.

teau, confrontant du levant le chasteau vieulx et du couchant maison de Pierre et Guis Coye frères extimée à 8 fl.

Tient les hoirs de Anthoine Laugier.

Section N. — Limites :

Cette section du plan général est occupée par les ruines de l'antique château féodal, et ne fut pas cadastrée. C'est pour ce motif qu'il n'en a pas été fait de croquis.

Le vieux manoir occupait le point culminant d'un plateau rocheux presque inaccessible. C'était à l'origine, selon toute vraisemblance, un repaire de troglodytes, amélioré et transformé dans la suite des temps au point de devenir l'une des forteresses redoutables du midi de la France.

Pris d'assaut en 1355 par Robert de Duras, occupé en 1393 par le célèbre et cruel capitaine, le vicomte de Turenne, le château des Baux fut démoli, par ordre de Louis XI, dans sa partie la plus élevée. Le restant fut conservé et mis à l'usage des gouverneurs et des viguiers que la couronne de France imposait aux habitants lesquels aussi s'y réunissaient en assemblée générale et en conseil syndical, chaque fois que les affaires de la communauté l'exigeaient.

En 1513 commence la série des seigneurs engagistes, barons de Baux. Ce sont :

1° Frère Bernardin de la famille de Balbs ou Balbi d'Arles. 1513-1527.

2° Anne de Montmorency, connétable de France 1528-1562.

3° Honoré des Martins dit le capitaine Grille, sénéchal de Beaucaire et de Nîmes, 1563-1581.

4° Jacques de Roches, sieur de Vers, de Sédéron et de Vacquières, 1588-1621.

5° Antoine de Villeneuve sieur de Monti, 1622-1632.

C'est sous le règne de Louis XIII et par son ordre, que l'antique manoir des seigneurs de Baux fut occupé par la troupe et ensuite démoli. La destruction se fit avec une rapidité toute militaire du 11 au 21 Mars 1632. Elle fut complète et depuis cette époque personne n'a relevé et restauré ses ruines encore pantelantes et si suggestives. (1)

---

1. Nous nous gardons bien, d'oublier ici les remarquables et opportuns travaux de consolidation exécutés par le soin du Ministère des Beaux-Arts, et sans lesquel les ruines même auraient péri.

Ruines du château des Baux en 1897. Cliché de M. le pasteur
Alph. Schlœsing. Vue prise du nord au midi.

Vue du château des Baux en 1820, d'après un crayon de Pierre Révoil, peintre d'histoire ;
reproduit à la plume et photographié par M. Charles Genet, dessinateur.

Ruines du château des Baux en 1897. Cliché de M. le pasteur Alph. Schlœsing. Vue prise du midi au nord.

Section O. — Limites :

Levant : galerie du château.
Midi : plan du château.
Couchant : rue du château au plan.
Bise : terras du château.

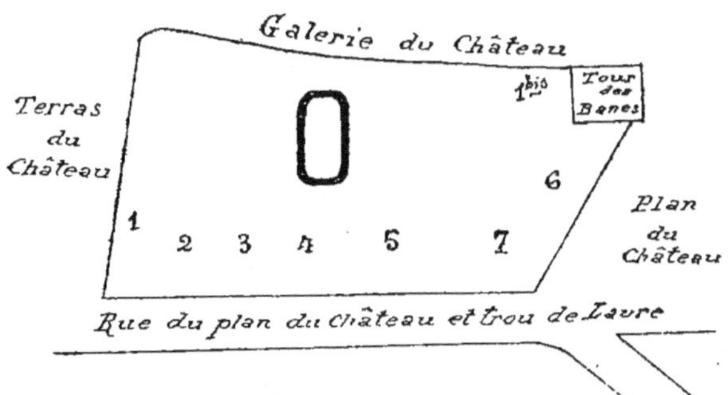

Cadastre de 1584

Mathurin Peyre, fol. 176.

Premierement une maison assise aupres du chasteau confrontant du levant une court de Madame des Baulx et du couchant la rue allant aud. chasteau, extimée a 15 fl.

Tient Laurens Sordet.

Tient M. de Brau.

François Broc, fol. 309.

Premierement un casal assis au trou de Laure, confrontant du levant le roc, du couchant la rue allant aud. trou de laure extimée a 1 fl. Tient Anthoine de la Tour.

Fremin Mistral, fol. 92.

Premierement une maison assise au trou de Laure, confron-

Cadastre de 1598

I. Antoine de La Tour escuyer, fol. 196.

Premierement une maison dans la ville confronte de levant et bise terras du chasteau, de midi court des hoyrs de pierre peyre, de cochant la rue, 2 fl., 11 s., 5 d.

Chargé Andre Rangon qui l'a restituée aud. de la Tour le 15 octobre 1615.

1 *bis*. Item ung petit estable dans led. lieu des Baulx, confronte de levant le rocher, de midi maison des hoirs de fermin Maistral, de cochant la rue, de bise estable du sieur de Fontanille, 1 fl., 7 s, 6 d.

Chargé Esperit Surian le 19 aout 1612. Le confront au levant est le roc de la *Tour des Banes*.

2. Hoirs de Peyre Peyre.

... Item une maison et court assise au prat du chasteau, confronte de levant le roucas du chasteau, de midi baulme et court de Jehan Bremon, de cochant la rue allant au trou de laure, de bise maison et court du sieur de Brau, 1 fl., 10 s., 10 d.

3. Hoirs Fermin Maistral (Marguez Broque et Jacques Maytra son fils), fol. 254.

Maison et court assise au prat du chasteau, confronte du levant

tant du levant maison de Jehan Negre rocq au milieu et du couchant lad. rue allant aud. trou de laure, 11 fl.

Loys Bremon, fol. 159.

Plus une baulme et court assise au dessoulz de la tourre des banes, confrontant du levant avec la rocque de la gallerie du château et du couchant la rue allant au trou de laure, extimée a 4 fl.

Noble Dame Jeanne de Quiqueran, Dame des Baulx, fol. 233.

Premierement une maison et court aupres du chasteau confrontant du levant avec le rocq et du couchant la rue du trou de laure allant au chasteau, extimée a 12 fl.

Jehan Laugier, fils d'Ymbert, fol. 317.

Premierement une maison assise au trou de Laure, confrontant du levant le rocq, du couchant la rue allant aud. trou, extimée a 6 fl.

Jehan Negre de Robert, fol. 328.

(Le folio manque).

le roc, du midi maison des hoirs de Jehan Laugier du cochant la rue, de bise petite estable du sieur de la Tour, 1 fl., 10 s., 10 d.

4. Jehan Bremond, fol. 29.

Item une aultre maison et court confronte de levant le roucas, de midi court du sieur de Fontenille, de cochant la rue, de bise maison des hoirs de Pierre Peyre.

5. Loys de Valence escuyer sieur de Fontenille, fol. 229.

Une estable confronte de levant le roucas des Banes, du midi estable du sieur du Brau...

6. Hoyrs de Jehan Laugier, dict Ninoulet, fol. 81.

Premierement une maison dans ledit lieu, confronte de levant le rochier des banes, de midi le trou de Laure, du cochant la rue, de bise maison de Marguerite brocque. 1 fl. 20 d.

Charge Henri Pillon le 2 mars 1620.

7. Francese Chivalière, fol. 220.

Premierement une maison assise aupres du trou de Laure, confronte du levant la roque, de midi estable du sieur de Fontanille, de cochant la rue, de bise court dud. Sieur. 1 fl. 20 d.

Anne Judonne, vesve de feu
Barthelemy Chivallier.

Premierement une maison assise a la rue allant du chasteau
au trou de Laure, confrontant
du levant la galerie du chasteau
et du couchant lad. rue, extimée
2 fl.

Section P. — Limites :

Levant, Midi et Couchant : le rocher.
Bisè : roucas de la Claustre, des Banes et tour de même nom.

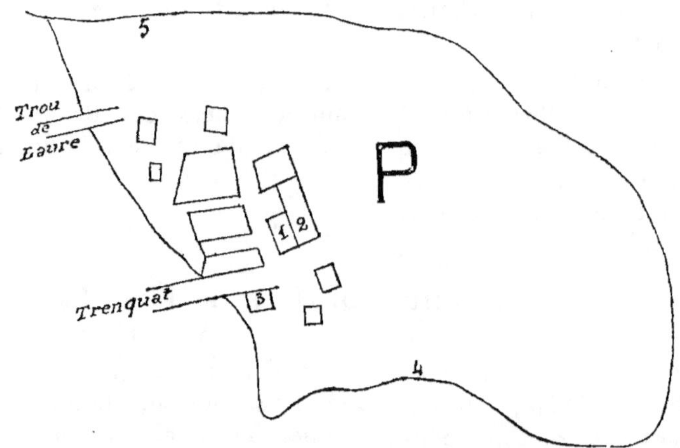

1. Chapelle Sᵗ-Blaise du XIIᵉ siècle donnée à l'usage des cardeurs
au commencement du XVIIᵉ.

2. Hôpital du plan du château construit en 1583 et abandonné
pour être transféré à Maussane par suite de la décision du Comité
de l'hospice à la date du 3 thermidor an VII.

3. Hôtel de la Tour du Brau. « Le 10 août 1677, Honoré de Der-
res mᵉ maçon possède une maison ruynée dans lad. ville, appelée
du Braud présagée au cadastre de 1668, 11 s. 6 d. demande dé-
charge. » (Reg. des délib. consulaires des Baux).

4. Muraille et quartier des Murettes.

5. Porte fausse.

Les quarante maisons que contient le plan du château, dont la
plupart taillées dans le rocher, ne sont pas autrement indiquées.

Etat de l'hôpital des Baux en 1820, d'après un crayon du peintre d'histoire
Pierre Révoil, reproduit à la plume par M. Charles Genet.

De gauche à droite : Maison abolie ; hôtel de la Tour du Brau ; chapelle
St-Blaise et St-Claude et mur du cimetière ; hôpital avec sa galerie.

Etat de l'hôpital des Baux en 1848, d'après un dessin de Henri Révoil, architecte des M. H.,
correspondant de l'Institut, commandeur de la Légion d'honneur, décédé en décembre 1900,
dans son château de Servanes.

Reproduction à la plume par M. Ch. Genet.

Cadastre de 1584

Jehan Bau dict Cautelle, fol. 278.

Premierement une maison dud. Bau acquise de hoirie de feu Audin Saladin, assise au plan du chasteau confrontant du levant une traverse qui ne passe point, de midy et couchant lad. rue allant au plan du château, et de bise maison de Sire François Vincens. 12 ll.

François Vincens, fol. 84.

Plus une maison assise au trenquat confrontant du levant la rue et du couchant avec la rue dud. Trenquat extimée a 12 ll.

Tient Audin Saladin.

Baptiste Payan, fol. 45.

Premierement une maison assise au trenquat, confrontant du levant une traverse et rocq, et du couchant la grand'rue du Trenquat, extimée a 4 ll.

André Baillol, fol. 318.

Premierement une maison assise au plan du chasteau, confronte de levant maison de... et de bise maison de Andre Plasse a present de la ville, extimée a 4 ll.

Tient Jehan Laugier d'Aubert.

Claude Paulon, fol. 152.

Plus une maison assise au plan

Cadastre de 1598

1. Jehan Baul, fol. 102.

Item une maison et ung petit estable au plan de chasteau, confronte de levant, midi et cochant la carriere, de bise maison de Jehan Bremond. 3 ll. 2 s. 6 d.

2. Jehan Bremon, fol. 39.

Item une maison au plan du chasteau, confronte de levant la carriere que ne passe pas, de midi maison de Jehan Baul, de cochant carriere du Trenquat, de bise maison de Rose Drivon. 2 ll. 8 s.

3. Rose Drivon, fol. 350.

Premierement une maison au plan de chasteau, confronte de levant la rue, de midi maison de Jehan Bremond, de cochant le moulin a sang de la ville, de bise le roquas. 1 ll. 4 s.

4. André Baillol, fol. 46.

Plus une maison au plan de chasteau confronte de levant lestable de Jean Baul, de midi la rue, de cochant le molin a sang de la ville de bise le Roquas. 1 ll. 20 d.

Tient Pierre Saudal de Bertrand charge le 1er daoust 1621.

5. Simon Sigoïn.

Premierement une maison as-

de chasteau confrontant du levant la rue qui ne passe et du couchant le trenquat, extimée a 4 fl.

Robert Negre, fol. 52.

Premierement une maison assise au plan du chasteau confronte du levant maison de Léonarde Amygue du midi la rue, extimée a 8 fl.

Loys Baillol, fol. 160.

Plus une maison avec ung jardin au plan du chasteau confrontant du levant maison des hoirs de Jehan de Lère et du couchant maison de Jehan Sourd, extimee a 10 fl.

Jehan Sourd, fol. 209.

Premierement une maison assise au plan du château, confrontant du levant maison de Loys Baillon et ses freres, et du couchant maison de Estienne Gilles, extimee a 8 fl.

Claude Noble, fol. 38.

Plus une maison assise au plan du château, confrontant du levant et bise le rocq, du couchant l'issue et entree tant de lad. maison que de la maison de Jehan Sourd, extimee a 3 fl.

Anthoine Mout, fol. 226.

Premierement ung jardin avec un petit bastiment murailles et cisternes assis au plan du chasteau confrontant de tous costes led. plan du chasteau extimee a 10 fl.

sise au plan du chasteau, confronte de levant maison de François Segoïn, du midi la rue, de couchant et de bise la roche.

6. Françoise Segoïn, fol. 365.

Premierement une maison assise au plan de chasteau, confronte de levant et bise la roque, de midi la rue, de cochant maison de Janon Segoïn. 1 fl. 20 d.

7. Janon Segoïn, fol. 34.

Item une maison au plan du chasteau, confronte de levant maison de Francese Segoïn, de midi la rue, de cochant et bise la roche, 2 fl. 4 s. 20 d.

8. Jehan Sourd, fol. 110.

Item une maison au plan du chasteau, confronte de levant cochant et bise le rocas, de midi la rue, 3 fl. 2 s. 6 d.

9. Claudon Noble, fol. 254.

Premierement une maison au plan de chasteau, confronte de levant et bise la roque, de midi la carriere de cochant maison de Jehan Sourd, 1 fl. 20 d.

10. Anthoine Mou, fol. 217.

Premierement une maison et jardin assis au plan du chasteau, confrontant de toutes parts led. plan, 2 fl. 8 s.

Vidal Lauriol, fol. 62.

Premierement une maison assise au plan du chasteau confrontant du levant led. plan du chasteau du couchant maison de Jehan Loches, 15 fl.

Jehan Losche, fol. 212.

Premierement une maison assise au plan du chasteau, confronte du levant et midi led. plan du chasteau et du couchant traverse visinale, 8 fl.

Claude Rousset, fol. 158.

Premierement une maison assise au plan du chasteau confrontant du levant maison de Jehan Loche, du midy relarg voisinal et du vent de bise le rocq des banes, extimee a 15 fl.

Henri de Liere, fol. 126.

Premierement une maison assise au plan du chasteau, près la tour des Banes, confrontant du levant maison blanche Rousset, et du couchant maison des hoirs a feu Michel Baillon, extimée a 10 fl.

11. Vidau Lauriol, fol. 111.

Item une maison au plan du chasteau confronte de levant la rue, de midi maison de Jehan Loche, de cochant maison de Claudon Arnaud, de bise maison de Françoise rouce, 3 fl. 2 s. 6 d.

12. Jehan Loche, fol. 65.

Item une maison au plan du chasteau confronte de levant maison de Vidau Lauriol, de midi et cochant la rue, de bise maison de Claudon Arnaud, 2 fl. 1 s. 14 d.

13. Francese Rouce vesve a feu Pierre Lere, fol. 67.

Item une maison au plan de chasteau confronte de levant la rue, de midi maison de Vidaul Lauriol, de cochant la rocque, de bise maison de Gilibert Boet, 1 fl. 7 s. 6 d.

14. Claudon Arnaud, fol. 259.

Premierement une maison au plan de chasteau confronte de levant maison de Vidal Lauriol de midi maison de Jehan Loche et cochant la carriere, de bise le roquas, 1 fl., 7 s., 6 d.

15. Gilibert Boet, fol. 79.

... Item une maison au plan de chasteau, confronte de levant et bise la rue, de midi maison de Francese Rouce, de cochant le rouchier, 1 fl., 20 d.

Sire Charles Laugier, fol. 19.

Plus une maison acquise par led. sieur de Jehan Guillaume assise dans led. Baulx au plan du chasteau confrontant du levant maison de Anthoine Guillaume, et du couchant lhospital neuf, 12 fl. Tient Anthoine Roucet.

Anthoine Guillaume, fol. 182.

Premierement une maison assise au plan du chasteau confronte du levant maison sise court de Jehan Sabi et du couchant avec de M. le lieutenant Laugier extimée a 10 fl. Tient Anthoine et Jehan frères.

Sire Charles Laugier, fol. 19.

Plus une maison estable joignans ensemble acquis par led. sieur de Michel Dupin, assise aud. Baulx et au plan du chasteau, confrontant du levant et midy led. plan, du couchant de M. Jehan Savi, et du vent de bise la rue, 10 fl. Tient Guillem Bonnet.

16. Anthoine Roucet, fol. 116.

Item une maison assise au plan de chasteau, confronte de levant Anthoine Guillaume de midi led. plan, de cochant et bise lospital, 11 fl.. 1 s., 14 d.

17. Anthoine Guillaume, fol. 217.

Premierement une maison assise au plan du chasteau, confronte de levant court de Loys Canin. de midi led. plan, de cochant Anthoine Rosset, 2 fl., 1 s., 14 d.

18. Loys Canin, fol. 108.

Item une court assise au plan de chasteau confronte de levant maison de Guillem Brunet, de midi led. plan du couchant maison d'Anthoine Guillaume, 6 s , 10 d.

19. Guillaume Brunet, fol. 262.

Premierement une maison et terre assise au plan de chasteau confronte de levant et midi led. plan, de cochant la court de Loys Quenin, de bise la rue, 4 fl. Charge Anthoine Fauchier dict Cambret.

Anthoine Mout, fol. 226.

Premierement ung jardin avec ung petit bastiment, murailles et citernes assis au plan du chasteau confrontant de tous coustes led plan du chasteau, extimée a 10 fl.

Sperit Exmieu, fol. 75.

· Plus un casal descouvert ny ayans quung bardat assis au plan du chasteau, confrontant du levant les murs de la ville, du couchant led. plan du chasteau. 4 fl.

Pierre André, fol. 306.

Premierement une maison assise au plan du chasteau, confrontant du levant led. plan, et du couchant le roc du trou de Laure.

Honore Seignoret, fol. 137.

Premierement une maison assise au plan du chasteau, confrontant du levant la rue allant aux murettes et du couchant le terras desd. murettes, extimée a 4 fl.

20. Catherine Charnarive, 217.

Premierement baulme assise au plan de chasteau, confronte de toutes parts led. plan de chasteau. 6 s., 11 d.

21. Audin Pinet, fol. 100.

Item une baulme au trou de Pouton, confronte d'une part la tour des Banes, d'aultre part led. trou de Pouton, d'aultre Jehan Esmiou. 9 s. 12 d.
Tient Daniel Nicollet.

22. Hoirs de Sperit Miou ou Eymieu, fol. 184.

Item une baulme et estable au plan de casteau, confronte de levant la tour des banes, de midi led. plan, de cochant maison de Jehan Robert. 1 fl. 4 s.
Charge Daniel Nicolet.

23. Jean Negre fils de Robert, fol. 73.

... Item une maison au plan de chasteau, confronte de levant maison d'Esperit Eymieu, de midi court de Thomas Drivon, de cochant et bise le rocquas. 1 fl. 4 s.

24. Thomas Drivon, fol. 363.

Premierement une maison assise au plan de chasteau, confronte de levant le terras dud. plan, de midi baulme de Jehan Jaurnas, de cochant le rocquas, de bise court de Jehan Negre. 2 fl. 7 s.

25. Jehan Negre fils de Robert, fol. 73.

Item une maison confronte du levant la roche, de bise led. roc, de midi la rue, de cochant hoirs de Claude Rousset. 1 fl. 4 s. Tient Vincens Negre, 2 février 1615.

26. Hoirs de Catherine Flandrine, fol. 179.

... Item une maison au plan du chasteau, confronte de levant maison de Robert Negre, de cochant maison des hoirs de Jehan Laugier, de midi la rue, de bise le roucas. 1 fl. 7 s. 6 d.

27. Hoirs de Jehan Laugier, fol. 365.

Une maison au plan de chasteau confronte de levant maison de Catherine Flandrine, de midi la rue, de cochant maison de Pierre de Lyere, de bise la roque. 1 fl. 20 d.

Pierre lhere fils de Guillem, fol. 285.

Plus une maison assise au plan du chasteau confrontant du levant led. plan du chasteau et du couchant le rocq, extimée a 15 fl.

28. Pierre de Leyere le vieux, fol. 358.

Item une maison au plan de chasteau, confronte de levant maison des hoirs de Jehan Laugier dict le vacquier, de midi la rue, de cochant et bise le rocquas. 1 fl. 20 d.

29. Pierre de Lyere le jeune, fol. 359.

Item une maison au plan de chasteau, confronte de levant maison des hoirs de Jehan Lau-

Estienne Gilles, fol. 68.

Premierement une maison assise au plan du chasteau confrontant du levant maison de Richard Pignet, du midy la rue, du couchant le roc avec un petit ardin joignant ensemble. 10 fl.
Tient François Guiot chevrier.

Jehan Saudal, fol. 214.

Plus une aultre maison assise au plan du chasteau confronte du levant maison de Richard Pignet, du midy la rue, et du couchant une rue qui ne passe point 4 fl.
Tient Claude Michel.

Richard Pinet, fol. 53.

Premierement une maison as-

gier, de midi la rue, de cochant et bise le roucas. 1 fl. 20 d.
Tient la moitié Estienne Lyere.

30. Catherine Imberte, fol. 125.

... Item une maison assise au plan de Casteau, confronte de levant maison d'Isnard le fornier, de bise le roucas, du midi la rue, du cochant maison de Claude Michel. 1 fl. 4 s.

31. Isnard le fornier, fol. 362.

Premierement une maison au plan de chasteau, confronte de levant la rue, de midi court de François Guiot, de cochant et bise le roucas. 1 fl. 4 s.

32. François Guiot, fol. 88.

Premierement une maison au plan de chasteau, confronte de levant maison de Jehan Sourt, de midi la rue, de cochant maison de M⁰ Isnard le fornier, de bise le roquas. 2 fl. 8 s.

33. Hoirs de Guigue Coye, fol. 88.

Item une maison au plan de chasteau, confronte de levant court de François Guiot, de midi la rue, de cochant maison des hoirs de Claudou Barri, de bise le roucas. 1 fl. 20 d.

34. Audin Pinet, fol. 100.

Item une maison ou plan du

sise au plan du chasteau confronte de levant maison de Catherine Dunan, et de couchant
court de Jehan Saudal, extimée
a 14 fl.

Claude Quenin, fol. 3o.

Premierement une maison et
Baulme dud. Quenin acquise de
Georges Centevier assise aud.
Baulx au trenquat, confrontant
du levant le roc, du midi la rue
du Trenquat, avec ses autres
confronts extimée a 12 fl.

Jaume Nivon dict Rebol, fol. 140.

Premierement une partie de
maison assise au plan du chasteau confrontant du levant maison de Claude Canin et du couchant le terras des murettes,
extimée a 5 fl.

Claude d'Astre escuyer, fol. 170.

Aultre maison rive baulme assise au plan du chasteau, confrontant du levant maison de
Jehan Saudal, et du couchant
maison de Jehan Flandrin, extimée a 10 fl. Tient Jehan Baud.

Hoirs feub Andre Fialoux Bazziotte, fol. 148.

Premierement une maison indivise assise au plan du chasteau
confronte de tous coustes le plan
du chasteau, excepté du midy
que confronte la maison dicte de
Masot, 12 fl., 9 s., 9 d.

chasteau confronte de levant
Isnard le fournier, d'aultre part
jardin de François Guiot, d'aultre maison de Guigue Coye et
daultre part la rue, 2 fl., 1 s,, 14 d.

35. Claude Canin, fol. 285.

... Item aultre maison assise
au plan du chasteau, confronte
de levant et midi led. plan, de
cochant maison de hoirs de
Jaume Nivon, de bise une rue,
1 fl. 20 d. Tient Jeanne Boyer,
Ve Pousson.

36. Hoyrs de Jaume Nivon, fol. 71.

Premierement une maison assise au plan du casteau, confronte de levant maison de Claude
Quenin, de midi bise et cochant
plan de Casteau, 1 fl., 4 s.

37. Claude d'Astre, fol. 296.

Item une petite baulme assise
au plan de chasteau, confronte
baulme de Jehan Baul et la rue
et rocas, 9 s., 12 d.

38. Simon Fialoux, fol. 358.

Item une maison assise au
plan de chasteau confronte de
levant, midi, maison ruinée de
Claude Touard de levant bise et
cochant le plan de chasteau,
1 fl., 8 s.

Hoirs a Jehan Flandrin le Manchot, fol. 118.

Premierement une maison assise au Trenquat, confrontant du levant maison de Claude d'Astre escuier, du couchant le rocq, extimée a 6 fl.

39. Pierre Serre (?) fol. 363.

Premierement une maison au plan de chasteau, confronte de levant la traverse, de midi et cochant la rue, de bise la roque avec un petit terron audevant lad. maison. 2 fl., 8 s.

40. Simone Laugiere, fol. 366.

Une maison au plan de chasteau confronte de levant la traverse qui ne passe point, de midi et couchant la rue, de bise le Rouquas, 4 s.

Bergerac. — Imprimerie Générale du Sud-Ouest (J. CASTANET)
Place des Deux-Conils.

www.ingramcontent.com/pod-product-compliance
Lightning Source LLC
Chambersburg PA
CBHW051552050726
47595CB00002B/751